Hildegard von Bingen

Das Kochbuch

Die Ratschläge in diesem Buch wurden von Autoren und Verlag sorgfältig erwogen und geprüft, dennoch kann eine Garantie nicht übernommen werden. Eine Haftung der Autoren bzw. des Verlags und seiner Beauftragten für Personen-, Sach- oder Vermögensschäden ist ausgeschlossen.

Impressum
Text und Rezepte: Tanja Dostal
Layout: Ekkehard Drechsel
Illustrationen: Ulrich Magin
Umschlagmotiv Dinkel: StockFood

www.moewig.de

Printed in Slovakia

ISBN 978-3-927801-85-1

Inhaltsverzeichnis

Frühstück ... 7

Salate ... 21

Suppen ... 35

Getreidegerichte ... 47

Gemüsegerichte ... 61

Fleisch- und Fischgerichte ... 75

Süße Gerichte ... 91

Brote und Aufstriche ... 101

Desserts ... 115

Kuchen und Gebäck ... 127

Abkürzungsverzeichnis

EL	=	Esslöffel
TL	=	Teelöffel
Msp.	=	Messerspitze
Päck.	=	Päckchen
Pk.	=	Packung
Pr.	=	Prise
g	=	Gramm
kg	=	Kilogramm
l	=	Liter
ml	=	Milliliter
Tk	=	Tiefkühlprodukt
°C	=	Grad Celsius
a. d. Glas	=	aus dem Glas
z. B.	=	zum Beispiel

Wer war Hildegard von Bingen?

Hildegard von Bingen wurde im Jahre 1098 in Bermersheim bei Alzey geboren. Sie war das zehnte Kind einer adeligen Familie und sollte nach dem Willen ihrer Eltern ihr Leben der Kirche widmen. Schon in jungen Jahren legte sie die Ordensgelübde ab und wurde Benediktinernonne. Den Wahlspruch des Benediktinerordens ora et labora (bete und arbeite) hat sie ihr Leben lang befolgt und nicht nur ein Leben in Beschaulichkeit und Versenkung geführt, sondern es mit einem selbst für heutige Begriffe unvorstellbaren Arbeitspensum angefüllt.
Hildegard von Bingen war nicht nur eine Mystikerin, die Äbtissin eines Klosters, Beraterin von Kaisern und Königen, sondern auch Forscherin und Naturwissenschaftlerin. Obwohl sie zu ihrer Zeit noch nichts über Vitamine, Eiweiße und andere Inhaltsstoffe unserer täglichen Nahrung wissen konnte, erfasste sie durch Beobachtung und Intuition, welche Lebensmittel dem Menschen zuträglich oder schädlich sind.

Zwar hat Hildegard von Bingen kein spezielles Werk über die Ernährungslehre oder ein Kochbuch geschrieben. Aber in vielen ihrer Bücher finden sich detaillierte Hinweise zur Ernährung von Gesunden und Kranken, mitunter sogar Kochrezepte. Dabei hatte sie drei wesentliche Anliegen:

- Die Speisen sollen gesund oder sogar – im Krankheitsfalle – heilsam sein.
- Die Speisen sollen wohlschmeckend sein und den Menschen erfreuen, denn nur ein fröhliches Herz kann Gott in der rechten Weise dienen.
- Die Speisen sollen den Menschen in Einklang mit dem Kosmos – oder in ihren Worten mit Gott – bringen. Deshalb empfiehlt sie, das Leben auf die Jahreszeiten abzustimmen, auch in der Ernährung.

Ein weiterer wichtiger Grundsatz im Leben für Hildegard von Bingen war es, im Leben immer das rechte Maß – die descretio – zu finden. Dies gilt auch für die Ernährung.
„Wann auch immer der Körper des Menschen ohne Diskretion isst oder trinkt oder etwas anderes dieser Art verrichtet, werden die Kräfte der Seele verletzt."
Diskretion bedeutet aber keineswegs eine kärgliche Mahlzeit, sondern eine ausgewogene Ernährung, die für eine gesunde Seele sorgt.

Die Lebensmittel der Hildegard-Küche

Getreide

Eine der Hauptgrundlagen ihrer Ernährungslehre ist das Getreide, im Besonderen der Dinkel. Er ist eine Kulturform des Weizens, die wahrscheinlich schon im alten Ägypten angebaut wurde. Er enthält reichlich Eiweiß, Kalium, Phosphor und Eisen. Hildegard von Bingen betont besonders die Milde und die gute Verträglichkeit des Dinkels:
„Der Dinkel ist das beste Getreide. Er ist warm und fett und kräftig. Er ist heilsam für Fleisch und Blut und er macht den Menschen fröhlich. In welcher Zubereitung man den Dinkel auch isst, ob als Brot oder in einer anderen Speise – er ist immer gut und mild." (Physica)

Gemüse und Obst

Heutzutage ist es kein Problem, rund ums Jahr frisches Gemüse und Obst aus aller Herren Länder im Supermarkt zu kaufen. Im Mittelalter hatten besonders die Gemüse- und Obstsorten einen hohen Stellenwert, die im Frühjahr bis Herbst im Garten oder auf dem Feld wuchsen. So wie der Dinkel Hildegards Lieblingsgetreide ist, ist der Fenchel ihr favorisiertes Gemüse. Sie empfiehlt ihn ohne jede Einschränkung sowohl gesunden wie kranken Menschen: „Der Fenchel hat eine angenehme Wärme und ist weder von trockener noch von kalter Natur. Auch roh gegessen, schadet er dem Menschen nicht. In welcher Zubereitung er auch gegessen wird – er macht den Menschen fröhlich, vermittelt ihm eine angenehme Wärme und sorgt für eine gute Verdauung." (Physica)
Unter den Obstsorten nehmen besonders der Apfel, die Quitte sowie die Esskastanien eine besondere Stellung ein. Den Verzehr von vier Lebensmitteln lehnt Hildegard von Bingen grundsätzlich ab. Diese sogenannten hildegardischen „Küchengifte" sind die Erdbeere, der Lauch, die Pflaume sowie Pfirsiche. Der Genuss dieser Nahrungsmittel hat zwar nicht gleich lebensbedrohliche Folgen, doch besonders kranke Menschen sollten auf diese verzichten. Für Gesunde wird an dieser Stelle wieder auf das rechte Maß verwiesen.
Auch warnt Hildegard von Bingen vor dem Verzehr von Rohkost. Nach ihrer Meinung sollten alle Speisen entweder gedünstet, blanchiert oder gekocht werden. Salate sollten mariniert werden, um die Verdauung positiv zu beeinflussen.

Gewürze

Im Folgenden werden einige Gewürze vorgestellt, die in der Küche der Hildegard von Bingen eine besondere Rolle einnehmen. Diese Gewürze bekommen Sie entweder bei Ihrem Gemüsehändler, in Reformhäusern, Bioläden oder in Apotheken.

Bertram

Dieses weniger bekannte Gewürzkraut gilt in der Hildegard-Küche gewissermaßen als Universalgewürz. Es unterstützt die Speichelbildung und somit eine gute Verdauung. Die gemahlene Wurzel wird messerspitzenweise dem Essen zugesetzt.

Galgant

Dies ist das „Herzmittel" von Hildegard. Es gibt ihn in Pulverform oder in Form von Wurzelstückchen. Er wird auch an Stelle von Pfeffer verwendet und gibt dem Gericht eine würzige und scharfe Note.

Kreuzkümmel

Wird auch Mutterkümmel genannt und sorgt für eine verbesserte Verdauung.

Quendel

Auch unter der Bezeichnung Feldthymian bekannt, wird er häufig in der Küche von Hildegard eingesetzt. Er gilt als das Gewürz für die Haut, denn er hilft Hautprobleme zu lindern bzw. auszuheilen. Der Quendel sollte dem Gericht während des Kochens und nicht hinterher zugesetzt werden.

Ysop

Bei uns ein fast vergessenes Küchenkraut, gehört zu Hildegards Lieblingskräutern. Es kommt ursprünglich aus dem Mittelmeerraum und passt sehr gut zu Fleischgerichten. Ysop sollten Sie immer mitkochen. Er hilft bei Traurigkeit und schlechter Laune.

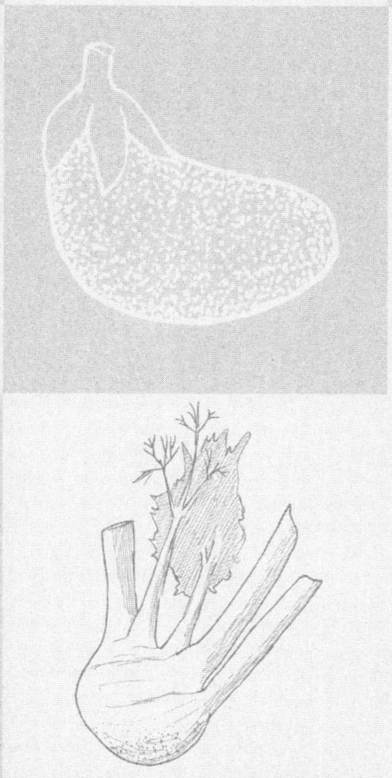

Frühstück

Schrotmüsli

4 Personen

150 g Dinkel
60 g Dörrfrüchte (Aprikosen, Birnen usw.)
Saft von 1 Zitrone
2 EL Honig
4 EL Sahne
Äpfel und/oder andere Früchte der Saison
40 g gemahlene Mandeln

1 Am Vorabend den Dinkel grob mahlen und in 150 ml Wasser zugedeckt bei Zimmertemperatur über Nacht quellen lassen. Die Dörrfrüchte klein schneiden und jeweils getrennt über Nacht einweichen.

2 Am nächsten Morgen den Dinkel und die Dörrfrüchte gut miteinander mischen. Zitronensaft, Honig und Sahne unterrühren.

3 Die Äpfel waschen, vierteln, das Kerngehäuse entfernen und raspeln. Andere Früchte waschen, putzen und klein schneiden. Das Obst unter das Müsli heben und mit den gemahlenen Mandeln bestreuen.

Fruchtmüsli mit Dinkelflocken

4 Personen

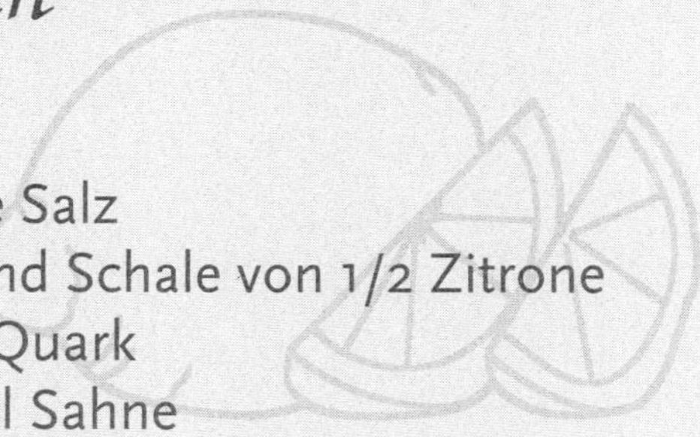

100 g Dinkelflocken
2 Äpfel sowie verschiedene Früchte der Saison
2–3 EL Rosinen
4 EL gehackte Mandeln
1–2 EL Vollrohrzucker oder Ahornsirup

1 Prise Salz
Saft und Schale von 1/2 Zitrone
150 g Quark
100 ml Sahne

1 Die Dinkelflocken in eine Schüssel geben und mit 300 ml kochendem Wasser übergießen. Das Ganze zugedeckt 1 Stunde oder über Nacht quellen lassen.

2 Die Äpfel waschen, vierteln, Kerngehäuse entfernen und in Würfel schneiden. Die anderen Früchte ebenfalls waschen, putzen und klein schneiden. Das Obst mit den Dinkelflocken vermischen.

3 Rosinen, Mandeln, Vollrohrzucker oder Ahornsirup, Salz, Zitronenschale und -saft unterrühren. Den Quark mit der Sahne verrühren und unter das Müsli heben.

Tipp:

Sie können die Sahne auch schlagen und dann unter das Müsli heben. So wird es etwas cremiger.

Hildegard-Tipp:

Hildegard empfiehlt Äpfel sowohl für Gesunde als auch für Kranke. Allerdings sollten kranke Menschen Äpfel möglichst nicht roh, sondern gedünstet genießen, weil dadurch der Organismus weniger belastet wird.

Frischkornmüsli

4 Personen

8 EL grob gemahlenes Dinkelmehl
bzw. Dinkelschrot
4 EL Rosinen (ungeschwefelt)
1 Banane
200 g Obst der Saison
(z. B. Äpfel, Orangen, Beeren)

280 g Dickmilch
4 TL Sanddornsaft
2 TL Leinsamen
2 TL gehackte Nüsse
Honig nach Geschmack

1 Das Dinkelmehl in 125 ml Wasser über Nacht an einem kühlen Ort einweichen. Rosinen ebenfalls über Nacht in Wasser einweichen.

2 Am nächsten Morgen die Banane schälen und mit einer Gabel zerdrücken. Die Rosinen abschütten.

3 Das Obst waschen, putzen und in mundgerechte Stücke schneiden.

4 Das Dinkelmehl mit der Dickmilch, dem Sanddornsaft sowie den Rosinen mischen. Das zerkleinerte Obst unterheben.

5 Das Müsli mit Leinsamen und den gehackten Nüssen bestreuen. Nach Belieben mit etwas Honig süßen.

Flockenmüsli mit Fruchtsaft

4 Personen

6 Orangen
100 g Dinkelflocken
2 EL Vollrohrzucker
300 g Quark (40 % Fett)
2 EL verschiedene Kerne
(z. B. Sonnenblumenkerne, Kürbiskerne)

1 Zuerst 3 der Orangen auspressen und etwa 150 ml Saft abmessen. Die restlichen 3 Orangen schälen, putzen und in kleine Stücke schneiden.

2 Die Dinkelflocken mit dem Orangensaft, dem Vollrohrzucker sowie dem Quark mischen.

3 Die Orangenstücke unterheben. Das Müsli mit den Kernen bestreuen und servieren.

Tipp:

Kalorienärmer wird das Müsli, wenn Sie Magerquark verwenden. Auch fettarmer Joghurt ist eine Alternative.

Hildegard Habermus (Dinkelmus)

4 Personen

80 g Dinkelschrot
2 Äpfel
1 Msp. Galgant
1 Msp. Bertram
1 Msp. Zimt
1–2 TL Honig
Saft von 1/2 Zitrone
1 EL Flohsamen
1 EL gehackte Mandeln

1 Das Dinkelschrot in 800 ml Wasser einrühren, unter ständigem Rühren zum Kochen bringen und ca. 5 Minuten köcheln lassen.

2 Inzwischen die Äpfel waschen, vierteln, Kerngehäuse entfernen und Fruchtfleisch in kleine Stücke schneiden. Äpfelstücke, Galgant, Bertram, Zimt und Honig hinzugeben, unterrühren und das Ganze etwa 10 Minuten quellen lassen.

3 Anschließend den Zitronensaft unterrühren. Das Mus in Schüsseln geben und mit den Flohsamen sowie den gehackten Mandeln bestreuen.

Tipp:

Sie können auch 1 EL Vollrohrzucker mit etwas Zimt mischen und den Zimtzucker anstelle der Flohsamen und Mandeln auf das Mus streuen.

Hildegard-Tipp:

Das Habermus regt die Verdauung an und ist wohltuend für den Magen.

Obstsalat mit Dinkelkörnern

4 Personen

100 g Dinkelkörner
100 g Rosinen
1/2 TL Salz
2 Äpfel
2 Orangen
1 Banane
1 unbehandelte Zitrone
2 EL Birnendicksaft
50 g gehackte Mandeln
1 Msp. Bourbon-Vanille

1 Die Dinkelkörner über Nacht in 500 ml Wasser einweichen. Die Rosinen ebenfalls in Wasser einweichen.

2 Am nächsten Morgen das Salz zu den Dinkelkörnern ins Wasser geben, das Ganze aufkochen und ca. 15 Minuten köcheln lassen. Anschließend 10 Minuten quellen lassen.

3 Die Äpfel waschen, vierteln, das Kerngehäuse entfernen und in kleine Stücke schneiden. Die Orangen schälen, filetieren und klein schneiden. Die Banane schälen und in Scheiben schneiden.

4 Das klein geschnittene Obst unter die Dinkelkörner mischen. Die Zitronenschale abreiben und die Zitrone auspressen. Schale und 1 Esslöffel Saft sowie Birnendicksaft, Mandeln, Vanille und Rosinen zum Obstsalat geben, mischen und das Ganze etwa 1 Stunde zugedeckt ziehen lassen.

Joghurt-Kaltschale

4 Personen

2 Becher Joghurt (à 150 g)
2–3 EL Vollrohrzucker
1 unbehandelte Zitrone
50 g Dinkelflockenmüsli
Obst nach Saison

1 Den Joghurt und den Zucker verrühren. Die Zitronenschale dazu reiben, die Zitrone auspressen und den Saft ebenfalls dazugeben.

2 Das Müsli unter die Joghurtmasse mischen. Das Obst waschen, putzen, evtl. klein schneiden und unterheben.

Tipp:

Geben Sie ein wenig geschlagene Sahne auf das Müsli.

Dinkel-Buttermilch-Waffeln

6 Personen

3 Eier
50 g weiche Butter
80 g Honig
500 ml Buttermilch
300 g Dinkelvollkornmehl
1 TL Zimt
1 TL gemahlene Nelken
1 Prise Salz
1 TL Backpulver

1 Die Eier trennen. Die Eigelbe, die Butter sowie den Honig mit einem elektrischen Rührgerät verrühren. Die Buttermilch hinzugeben und unterrühren.

2 Das Mehl, die Gewürze sowie das Backpulver miteinander vermischen und löffelweise unter die Eiermasse rühren.

3 Die Eiweiße zusammen mit Salz steif schlagen und unter den Teig heben.

4 Das Waffeleisen erhitzen, einfetten und portionsweise aus dem Teig goldbraune Waffeln backen.

Tipp:

Dazu passt eine mit Zimt aromatisierte Schlagsahne oder ein Apfelmus.

Hildegard-Tipp:

Die Gewürznelke wird von Hildegard vor allem als Heilmittel bei Kopfschmerzen oder bei hohem Blutdruck empfohlen.
Über ihre Eigenschaften schreibt sie:
„Die Gewürznelke ist sehr warm und hat eine gewisse Feuchtigkeit in sich. Diese dehnt sich im Körper aus wie die angenehme Feuchtigkeit des Honigs.“ (Physica)

Orangenquarkcreme

4 Personen

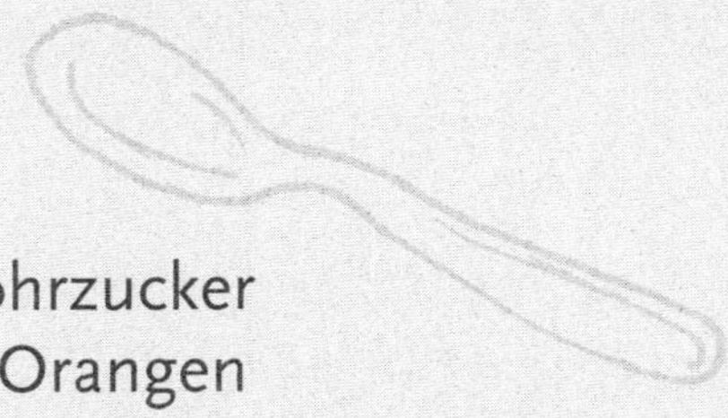

75 g Dinkelschrot
1/4 l Milch
1 Prise Salz
500 g Quark
80 g Vollrohrzucker
Saft von 3 Orangen
1 Msp. Bourbon-Vanille

1 Das Dinkelschrot zusammen mit der Milch und dem Salz aufkochen, 5 Minuten köcheln lassen und anschließend 1 Stunde quellen lassen.

2 Quark, Zucker, Orangensaft sowie Vanille miteinander verrühren und unter das gequollene Dinkelschrot mischen.

Tipp:

Schneiden Sie eine Orange in kleine Stücke und geben Sie diese unter die Quarkcreme.

Dinkelkaffee mit ganzen Körnern

1/2 l Kaffee
1/2 l Wasser

2 EL Dinkelkaffee (ganze Körner)

1 Die Dinkelkaffeekörner in 1/2 l Wasser etwa 5 Minuten lang kochen.

2 Anschließend den Kaffee abgießen und die Körner aufheben.

Tipp: Die Körner können unter Zugabe von frischen Dinkelkaffeekörnern mehrere Male hintereinander verwendet werden: Beim nächsten Aufguss zu den bereits verwendeten Körnern wiederum 2 EL frische Kaffeekörner geben und ebenfalls in 1/2 Liter Wasser 5 Minuten kochen lassen, anschließend abgießen.

Dinkelkaffee aus gemahlenen Körnern

1/2 l Kaffee
1/2 l Wasser

3 EL grob gemahlener Dinkelkaffee

1 Das Wasser zum Kochen bringen. Den Kaffee dazugeben und das Ganze 3 Minuten köcheln lassen.

2 Noch weitere 2 Minuten ziehen lassen und dann durch Kaffeefilterpapier oder ein feines Sieb gießen.

Fencheltee

Ergibt 1 l Tee

1–2 TL Fenchelsamen
1 l Wasser

1 Den Fenchelsamen und 1 Liter kaltes Wasser aufkochen, vom Herd nehmen und ca. 3 Minuten ziehen lassen. Anschließend durch ein Sieb abseihen.

Kräutertee

Ergibt 1 l Tee

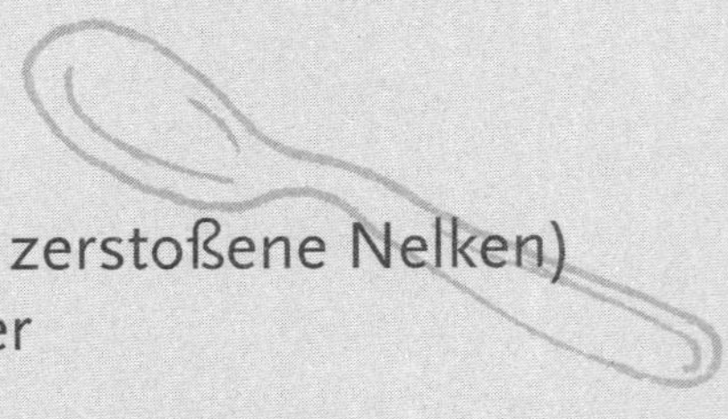

1–2 TL Kräutermischung (Fenchel, Orangenblüten, Rosenblütenblätter, zerstoßene Galantwurzeln, zerstoßene Nelken)
1 l Wasser

1 Die Kräuter und 1 Liter kaltes Wasser aufkochen, vom Herd nehmen und ca. 3 Minuten ziehen lassen. Anschließend durch ein Sieb abseihen.

Quittengelee

Ergibt 3 bis 4 Gläser à 250 ml

1 kg Quitten
1 Stange Zimt
1 Sternanis
3 Nelken
1 kg Gelierzucker pro 1 Liter Saft

1 Die Quitten waschen, vom Pelz befreien und ungeschält in Stücke schneiden. Zusammen mit den Gewürzen in einen Topf geben und knapp mit Wasser bedecken. Das Ganze etwa 2 Stunden weich kochen. Anschließend über Nacht ziehen lassen.

2 Durch ein Tuch passieren. Pro Liter Quittensaft 1 kg Gelierzucker hinzugeben und das Ganze etwa 4 Minuten kochen. Anschließend heiß in ausgespülte Gläser füllen und diese sofort verschließen.

Tipp:

Bevor Sie das Gelee einfüllen, sollten Sie eine Gelierprobe machen.

Quittenkonfitüre

Ergibt 3 bis 4 Gläser à 250 ml

1 kg Quitten
100 ml Weißwein
2–3 EL Zitronensaft
1 kg Vollrohrzucker
40 g Galgantpulver

1 Quitten waschen, vierteln, Kerngehäuse entfernen und in kleine Stücke schneiden. Zusammen mit knapp 300 ml Wasser, dem Weißwein und dem Zitronensaft unter Rühren zum Kochen bringen und solange kochen, bis die Quitten weich sind.

2 Die Masse durch ein Sieb passieren oder mit einem Pürierstab pürieren. Pro 1 kg Quittenmus 1 kg Zucker hinzugeben und unterrühren. Das Ganze zum Kochen bringen, das Galgantpulver unterrühren und noch heiß in ausgespülte Gläser geben (Gelierprobe machen) und verschließen.

Maronihonig

Ergibt 600 g Honig

500 g Honig
100 g Maronimehl

1 Den Honig langsam erwärmen und das Maronimehl einrühren.

Tipp:

Der Honig stärkt die Leber und wirkt positiv auf die Milz.

Birnenhonig

Ergibt 300 g Honig

5 große Birnen
200 g Honig
20 g Fenchelwurzpulver
15 g Galgantpulver
10 g Süßholzpulver

1 Die Birnen waschen, vierteln, entkernen und in Stücke schneiden. Diese in Wasser weich kochen und anschließend pürieren.

2 Den Honig leicht erwärmen und die Gewürzpulver einrühren. Den Honig mit dem Birnenmus mischen. Kühl aufbewahren.

Tipp:

Der Honig ist bestens geeignet bei Migräne und Wetterfühligkeit.

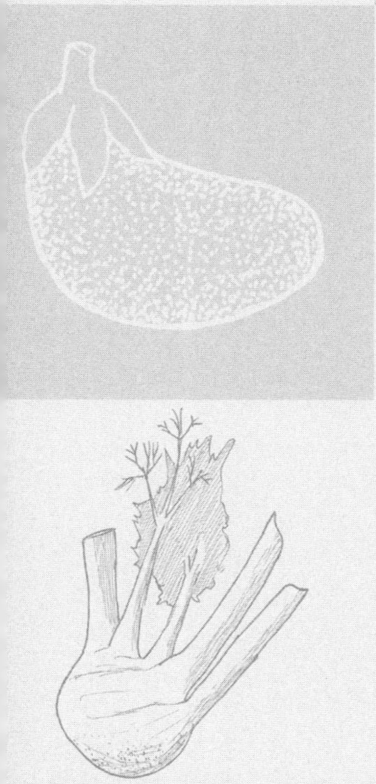

Knackige Salate

Kräutersalat mit Dinkel

4 Personen

200 g Dinkelkörner
2 Eier
100 g Käsewürfel
1 EL gehackter Schnittlauch
1 EL gehackter Petersilie
1 EL gehackter Dill
2 TL gehackter Liebstöckel

4 EL Sahne
4 EL Quark
2 EL Zitronensaft
1/2 TL Senf
Salz
1 Kopfsalat

1 Die Dinkelkörner über Nacht in kaltem Wasser einweichen.

2 Am nächsten Tag den Dinkel aufkochen und bissfest garen. Anschließend in einem Sieb abtropfen lassen und abkühlen.

3 Die Eier hart kochen, abschrecken, schälen und klein schneiden. Dinkelkörner, Eier, Käse und Kräuter vermischen.

4 Aus Sahne, Quark, Zitronensaft, Senf und Salz ein Dressing herstellen und unter die Dinkelmasse heben.

5 Den Kopfsalat waschen, putzen und die Blätter auf Teller legen und den Kräutersalat darauf anrichten.

Tipp:

Hübsch sieht es aus, wenn Sie den Salat in ausgehöhlte Fleischtomaten füllen. Das Tomateninnere können Sie unter den Salat mischen.

Möhrensalat mit Dinkelsprossen

4 Personen

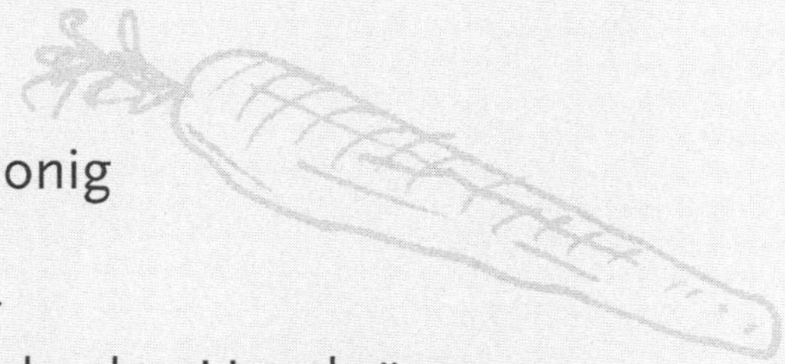

250 g Möhren
4 EL Dinkelsprossen
3 EL Sonnenblumenöl
1 EL Zitronensaft
75 g Joghurt
1 TL Honig
Salz
Pfeffer
2 EL gehackte Haselnüsse

1 Die Möhren waschen, putzen und in dünne Scheiben schneiden. Anschließend in leicht gesalzenem Wasser bissfest garen.

2 Dinkelsprossen und Möhrenscheiben mischen.

3 Aus Öl, Zitronensaft, Joghurt und Honig ein Dressing herstellen und mit Salz und Pfeffer würzen.

4 Das Dressing unter die Dinkel-Möhren-Mischung heben und das Ganze mit den gehackten Haselnüssen bestreuen.

Hildegard-Tipp:

Die Möhre wird von Hildegard sowohl für die Ernährung von gesunden wie auch von kranken Menschen empfohlen:
„Die Mohrrübe ist eine Erquickung für den Menschen. Weder nützt noch schadet sie seiner Gesundheit, aber sie füllt den Bauch." (Physica)

Selleriesalat

4 Personen

500 g Sellerie (Knollen)
300 g Äpfel
3 EL saure Sahne
3 EL Essig
3 EL Öl
Bertram
Galgant
Salz

1 Den Sellerie schälen und in dickere Scheiben schneiden. Diese in kochendem Salzwasser 4 bis 5 Minuten blanchieren. Anschließend abschrecken.

2 Die Äpfel schälen, vom Kerngehäuse befreien und zusammen mit dem Sellerie grob raspeln.

3 Saure Sahne mit Essig und Öl zu einem Dressing verrühren und mit Bertram, Galgant und Salz würzen. Das Dressing mit den Äpfel- und Sellerieraspeln gut vermischen und das Ganze durchziehen lassen.

Fenchelsalat

4 Personen

2 Fenchelknollen
2 Äpfel
4 EL Rapsöl
2 EL Weißweinessig

Galgant
Salz
1/2 TL Vollrohrzucker
2–3 EL gehackte Walnüsse

1 Den Fenchel waschen, putzen und fein hobeln. Die Äpfel waschen, vierteln und das Kerngehäuse entfernen. Die Apfelviertel ebenfalls hobeln. Beides mischen.

2 Rapsöl, Weißweinessig, Galgant, Salz und Vollrohrzucker zu einem Dressing vermischen und unter die Fenchel-Apfel-Mischung mengen.

3 Den Salat mit den gehackten Walnüssen bestreuen.

Hildegard-Tipp:

Nach Hildegard von Bingen ist Fenchel das einzige Gemüse, das roh gegessen werden darf.

Bunter Kopfsalat

4 Personen

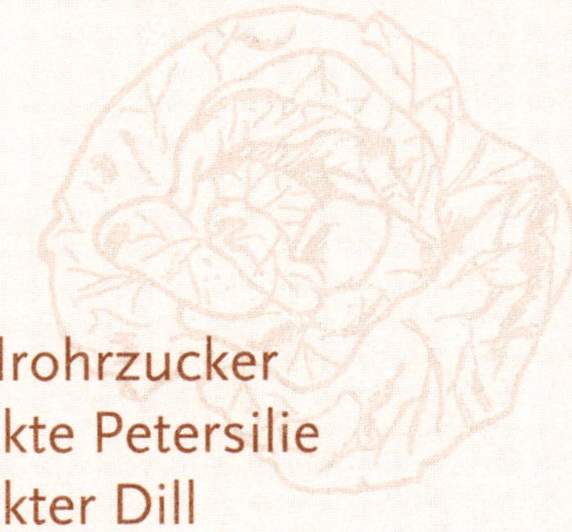

1 Tasse Dinkelkörner
3 Radieschen
1 Möhre
4 EL Weinessig
2 EL Sonnenblumenöl
4 EL Quark
1 TL Senf
Salz
1 Prise Vollrohrzucker
1 EL gehackte Petersilie
1 EL gehackter Dill
1/2 Kopfsalat

1. Die Dinkelkörner weich kochen und abkühlen lassen.

2. Die Radieschen waschen, putzen und in dünne Scheiben schneiden. Die Möhre waschen, putzen und ebenfalls in dünne Scheiben schneiden.

3. Aus Weinessig, Sonnenblumenöl, Quark, Senf, Salz und Vollrohrzucker ein Dressing herstellen. Die Kräuter unterrühren.

4. Das Dressing unter die Radieschen und Möhrenscheiben mischen. Die Dinkelkörner unterheben. Das Ganze einige Stunden durchziehen lassen.

5. Vor dem Servieren den Salat waschen, putzen und unter die Dinkelmasse heben.

Fenchel-Orangen-Salat mit Mandeln

4 Personen

2 Fenchelknollen
1–2 Orangen
1 kleine Zwiebel
80 ml Walnussöl
1 EL Honig
1 EL Zitronensaft

Salz
Pfeffer
Bertram
Galgant
2–3 EL Mandelblättchen

1 Den Fenchel waschen, putzen und in feine Streifen schneiden. Die Orangen schälen, filetieren und die Filets klein schneiden.

2 Die Zwiebel schälen und fein würfeln. Fenchel, Orangenstücke und Zwiebelwürfel mischen.

3 Aus Walnussöl, Honig, Zitronensaft und den Gewürzen ein Dressing herstellen. Dieses unter den Salat mischen.

4 Den Salat auf Tellern anrichten und mit den Mandelblättchen bestreuen.

Dinkelnudelsalat

4 Personen

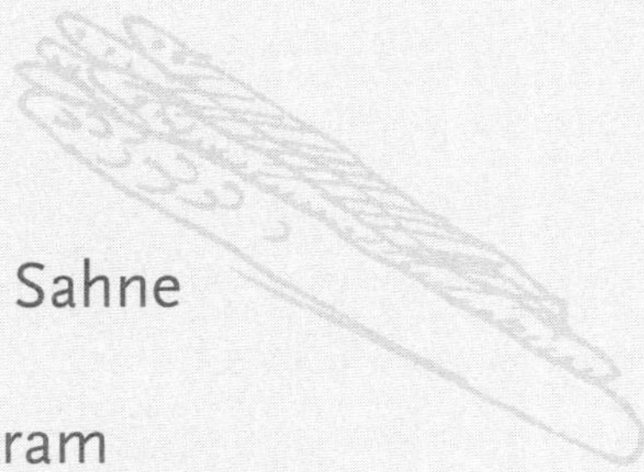

250 g Dinkelnudeln
Salz
500 g Spargel
300 g Brokkoli
2 Möhren
5 EL Rapsöl
2 Orangen
150 g saure Sahne
Pfeffer
1 Msp. Bertram
1 Msp. Quendel

1 Die Nudeln in Salzwasser bissfest garen, abschrecken.

2 Den Spargel schälen, die holzigen Enden abschneiden und in mundgerechte Stücke schneiden. Den Brokkoli waschen und in kleine Röschen zerteilen. Die Möhren waschen, putzen und in Scheiben schneiden.

3 Das Gemüse in Salzwasser etwa 8 Minuten blanchieren. Die Nudeln und das Gemüse mischen.

4 Die Orangen auspressen. Für das Dressing Rapsöl, ausgepressten Orangensaft, saure Sahne, Pfeffer, Bertram und Quendel miteinander verrühren.

5 Das Dressing unter die Nudel-Gemüse-Mischung mengen und das Ganze etwa 1 Stunde durchziehen lassen.

Dinkelkörnersalat im „roten Mantel"

4 Personen

50 g Dinkelkörner
3 EL Sahnequark
1 EL Zitronensaft
1 EL gehackter Schnittlauch
2 gehackte Salbeiblätter
50 g Weichkäse
8 Tomaten
Petersilie zum Garnieren

1 Die Dinkelkörner über Nacht in 1/2 l Wasser einweichen.

2 Am nächsten Tag das Ganze aufkochen und etwa 20 Minuten köcheln lassen. Anschließend 2-3 Stunden quellen lassen.

3 Für das Dressing Quark, Zitronensaft, Schnittlauch und Salbei mischen.

4 Den Käse in kleine Würfel schneiden und mit den Dinkelkörnern vermischen. Das Dressing unterheben.

5 Die Tomaten waschen, einen Deckel abschneiden, aushöhlen und mit dem Dinkelsalat füllen. Mit Petersilie garnieren.

Dinkel-Kräuter-Salat

4 Personen

200 g Dinkelkörner
2 Eier
100 g Tilsiter
4 EL Sahne
4 EL Quark
2 EL Zitronensaft
1/2 TL Senf
1 EL gehackter Schnittlauch
1 EL gehackte Petersilie
etwas gehackter Dill und Liebstöckel
Salz
Pfeffer

1 Die Dinkelkörner weich kochen, anschließend abkühlen lassen. Die Eier hart kochen und abschrecken.

2 Den Käse in kleine Würfel schneiden. Die Eier klein hacken. Dinkelkörner, Käsewürfel und Eier mischen.

3 Aus Sahne, Quark, Zitronensaft, Senf, Kräutern, Salz und Pfeffer ein Dressing zubereiten.

4 Das Dressing unter die Dinkelmischung heben und das Ganze gut durchziehen lassen.

Tipp:

Hübsch sieht es aus, wenn Sie den Salat auf grünen Salatblättern anrichten.

Bohnensalat mit Schafskäse

4 Personen

300 g rote Bohnen
300 g weiße Bohnen
Salz
1 Stange Stangensellerie
1 Schalotte
150 g Schafskäse

6 EL Rapsöl
3 EL Weißweinessig
Salz
Bertram
Quendel
einige Zweige Petersilie

1 Die Bohnen getrennt über Nacht in Wasser einweichen.

2 Am nächsten Tag das Wasser abgießen und die Bohnen in Salzwasser etwa 1 Stunde weich kochen. Anschließend abkühlen lassen.

3 Den Sellerie waschen, putzen und in kleine Stücke schneiden. Die Schalotte schälen, würfeln und in etwas Öl andünsten. Den Sellerie dazugeben und mitgaren.

4 Die Bohnen und das Gemüse miteinander vermischen. Den Schafskäse in kleine Würfel schneiden und unterheben.

5 Für das Dressing Rapsöl, Weißweinessig, Salz, Bertram und Quendel miteinander verrühren. Das Dressing unter den Salat heben und das Ganze 1-2 Stunden durchziehen lassen.

6 Die Petersilie waschen, hacken und auf den Salat streuen.

Hildegard-Tipp:

Für Hildegard von Bingen ist die Bohne ein wahres Heilmittel. Sie schreibt: „Wer Schmerzen in den Eingeweiden hat, der koche Bohnen unter Zugabe von etwas Öl oder Fett mit Wasser und schlürfe nach dem Entfernen der Bohnen die warme Brühe. Wenn er dies oft tut, wird er innerlich geheilt.“ (Physica)

Rote-Bete-Salat

4 Personen

350 g Rote Bete (gekocht)
3 Äpfel
75 g Joghurt
75 g saure Sahne
1 EL geriebener Meerrettich
1 EL Zitronensaft
1 EL gehackte Petersilie
1 EL gehackter Schnittlauch
Salz
Pfeffer

1 Die Rote Bete in Scheiben schneiden. Die Äpfel waschen, vierteln, vom Kerngehäuse befreien und in Scheiben schneiden. Beides mischen.

2 Für das Dressing Joghurt, saure Sahne, Meerrettich, Zitronensaft, Petersilie, Schnittlauch, Salz und Pfeffer verrühren.

3 Das Dressing unter den Salat heben und das Ganze etwas ziehen lassen.

Geflügel-Sellerie-Salat

4 Personen

2 Hähnchenbrustfilets
3 Mandarinen
2 Stangen Sellerie
2 EL Sonnenblumenöl
3–4 EL Joghurt
2 EL Zitronensaft

Salz
Pfeffer
Galgant
Bertram
Quendel

1 Die Hähnchenbrustfilets in einer Pfanne mit etwas Öl von allen Seiten anbraten und anschließend gut durchgaren. Aus der Pfanne nehmen und abkühlen lassen.

2 Die Mandarinen schälen und filetieren. Den Sellerie waschen, putzen und in kleine Scheiben schneiden. Den Sellerie kurz in Salzwasser blanchieren. Anschließend abschrecken und abtropfen lassen.

3 Das Fleisch in kleine Stücke schneiden und mit den Mandarinenfilets und dem Sellerie mischen.

4 Aus Öl, Joghurt, Zitronensaft, Salz, Pfeffer, Galgant, Bertram und Quendel ein Dressing zubereiten und unter den Salat heben. Das Ganze gut durchziehen lassen.

Fenchel-Frucht-Salat

4 Personen

2 Fenchelknollen
2 Äpfel
Saft von 1 Zitrone
2 Orangen
200 g saure Sahne
2 EL Öl
einige Zweige Estragon
1/2 Banane

etwas frisch geriebener Meerrettich
Salz
Pfeffer
Bertram
Galgant
etwas Honig
2 EL gehackte Haselnüsse

1 Den Fenchel waschen, putzen und in feine Streifen schneiden. Das Fenchelgrün hacken. Die Äpfel waschen, vierteln, das Kerngehäuse entfernen und in kleine Stücke schneiden. Beides mit Zitronensaft beträufeln. Die Orangen schälen und filetieren.

2 Die saure Sahne mit dem Öl verrühren. Den Estragon waschen, trockentupfen und fein hacken. Die Banane schälen und mit einer Gabel zerdrücken. Mit dem Meerrettich und dem Estragon unter die Sauce rühren. Mit Salz, Pfeffer, Bertram, Galgant und Honig würzen.

3 Fenchelstreifen und Apfelstücke unter die Sauce mischen. Orangenfilets und Nüsse unterheben und mit dem Fenchelgrün garnieren.

Leckere Suppen

Spargelcremesuppe

4 Personen

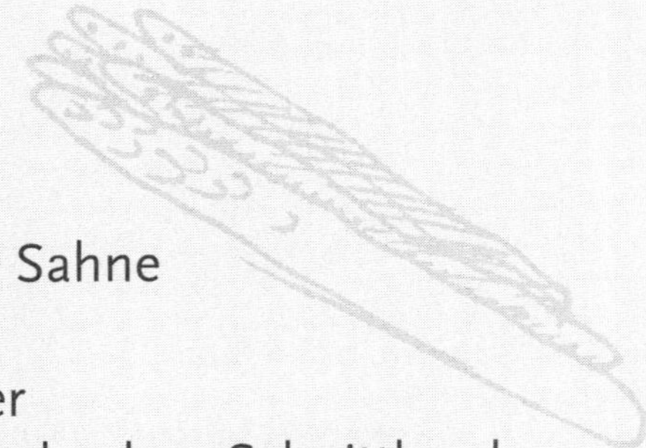

500 g weißer Spargel
2 EL Butter
75 g Dinkelmehl
1/4 l Milch
1/4 l Gemüsebrühe

250 g Sahne
Salz
Pfeffer
1 EL gehackter Schnittlauch

1 Den Spargel schälen, die holzigen Enden entfernen und die Stangen in kleine Stücke schneiden.

2 Die Butter in einem Topf erhitzen, das Dinkelmehl dazugeben und unter Rühren goldgelb werden lassen. Die Milch sowie die Gemüsebrühe nach und nach dazugießen.

3 Die Spargelstücke dazugeben und in der Flüssigkeit weich garen.

4 Anschließend die Spargelstücke mit einer Schöpfkelle herausholen, einige Spargelköpfe zur Seite legen und den Rest durch ein Sieb zurück in die Suppe passieren.

5 Die Suppe kurz aufkochen, mit Salz und Pfeffer würzen. Kurz vor dem Servieren die Sahne unterrühren und den Schnittlauch sowie die Spargelköpfe in die Suppe geben.

Gemüsesuppe mit ganzen Dinkelkörnern

4 Personen

250 g Dinkelkörner
1 große Zwiebel
2 Möhren
1/2 Sellerieknolle
1 EL Öl
1 l Gemüsebrühe

Salz
Pfeffer
1/2 Bund Schnittlauch

1 Die Dinkelkörner in Wasser aufkochen und etwa 20 Minuten köcheln lassen. Anschließend durch ein Sieb abschütten.

2 Die Zwiebel schälen und klein würfeln. Die Möhren putzen und ebenfalls würfeln. Den Sellerie waschen, putzen und klein schneiden. Das Öl in einem Topf erhitzen und das Gemüse darin andünsten.

3 Die Gemüsebrühe dazugießen, aufkochen und das Ganze etwa 15 Minuten köcheln lassen.

4 Die Dinkelkörner dazugeben, die Suppe nochmals kurz aufkochen und mit Salz und Pfeffer würzen.

5 Den Schnittlauch waschen und in feine Röllchen schneiden. Diese in die Suppe geben.

Brotsuppe

4 Personen

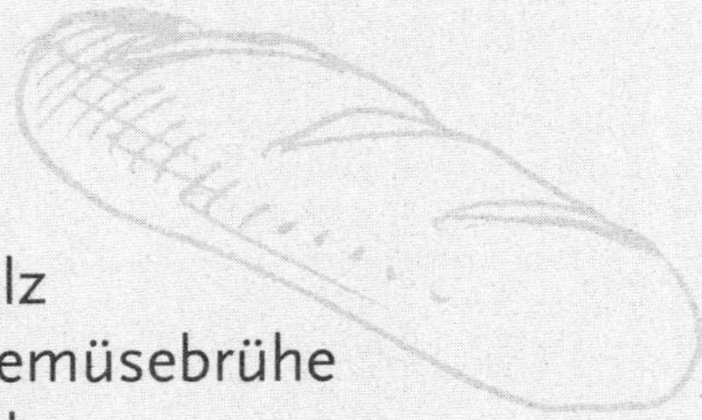

200 g altbackenes Dinkelbrot
60 g Butter
2 Eigelb
1 1/2 TL Majoran
(frisch oder getrocknet)

1 TL Salz
3/4 l Gemüsebrühe
3 EL Sahne
3 EL gehackte Kräuter (z. B. Petersilie, Schnittlauch, Liebstöckel)

1 Das Brot in Stücke schneiden und kurz in kaltem Wasser einweichen. Danach ausdrücken und im Mixer pürieren.

2 Die Butter zerlassen. Butter, Eigelbe, Majoran und Salz mit der Brotsuppe vermischen.

3 Die Gemüsebrühe erhitzen und die Brotmischung hineinrühren. Die Sahne hinzugeben.

4 Die Kräuter kurz vor dem Servieren einrühren.

Sauerampfersuppe

4 Personen

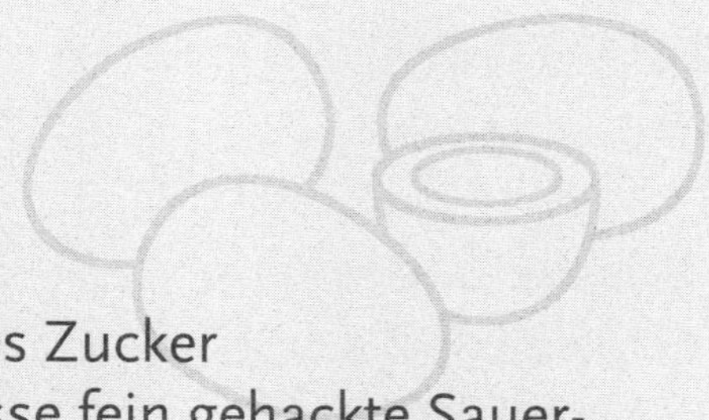

2 Eier
2–3 Scheiben Brot
1 EL Butter
3/4 l Milch
4 EL Haferflocken
(Schmelzflocken)

Salz
etwas Zucker
1 Tasse fein gehackte Sauerampferblätter
2 EL gehackter Schnittlauch
2 EL gehackter Dill

1 Die Eier hart kochen und abkühlen lassen.

2 Inzwischen das Brot evtl. entrinden und in Würfel schneiden. Die Butter in einer Pfanne erhitzen und die Brotwürfel darin goldgelb anrösten.

3 Die Milch erhitzen und die Haferflocken einrühren, kurz aufkochen lassen, bis die Milch gebunden ist. Mit Salz und etwas Zucker würzen. Die Suppe etwas abkühlen lassen.

4 Die Eier hacken und zusammen mit den gehackten Kräutern auf vier Teller verteilen.

5 Die Milchsuppe darauf gießen und mit den gerösteten Brotwürfeln bestreuen.

Bohnensuppe

4 Personen

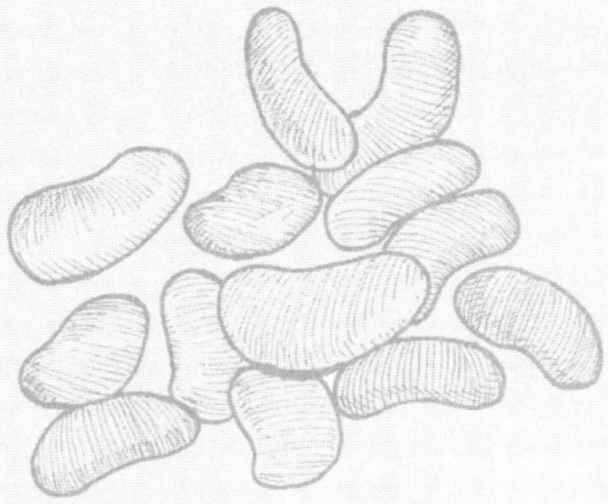

250 g weiße Bohnen
1 Fleischknochen
2 Zweige Salbei
1 kleiner Weißkohl
2 kleine Zucchini
2 Möhren
2 Zwiebeln
Salz
Pfeffer
1 EL Öl

1 Die Bohnen über Nacht in 1 1/2 Liter Wasser einweichen.

2 Am nächsten Tag die Bohnen zusammen mit dem Einweichwasser, dem Fleischknochen sowie einem Zweig Salbei aufkochen und ca.1 1/2 Stunden köcheln lassen.

3 Den Weißkohl von den äußeren Blättern und dem Strunk befreien. Den Kohl in Streifen schneiden

4 Die Zucchini waschen, die Enden abschneiden und in kleine Würfel schneiden. Die Möhren putzen und würfeln. Die Zwiebeln schälen und ebenfalls klein würfeln. Das Gemüse in 1/8 Liter Wasser ca. 10 Minuten dünsten.

5 Den Fleischknochen aus der Suppe nehmen. Das Fleisch vom Knochen lösen, würfeln und zusammen mit dem Gemüse zurück in die Suppe geben. Das Ganze mit Salz und Pfeffer würzen.

6 Das Öl erhitzen und die restlichen Salbeiblätter darin knusprig anbraten. Auf Küchenpapier abtropfen lassen und in die Suppe geben.

Brennnesselsuppe

4 Personen

1 kleine Zwiebel
1 EL Butter
250 g Brennnesselblätter
1 l Gemüsebrühe
1 EL Tomatenmark
1 TL Oregano
(frisch oder getrocknet)
Salz
Pfeffer

1 Die Zwiebel schälen und fein würfeln. Die Butter in einem Topf erhitzen und die Zwiebelwürfel darin andünsten.

2 Die Brennnesselblätter verlesen, waschen und trockentupfen. Anschließend fein hacken, zu den Zwiebeln geben und ebenfalls kurz andünsten.

3 Die Gemüsebrühe dazugießen, Tomatenmark und Oregano unterrühren. Alles aufkochen und dann ca. 10 Minuten leicht köcheln lassen.

4 Anschließend die Suppe mit Salz und Pfeffer abschmecken.

Tipp:

Sie können die Suppe auch mit etwas Sahne oder Crème fraîche verfeinern.

Hildegard-Tipp:

Hildegard empfiehlt die Verwendung des jungen Brennnesselgemüses im Frühjahr. Die Brennnessel reinigt den Magen.

Klare Gänsesuppe mit Klößchen

4 Personen

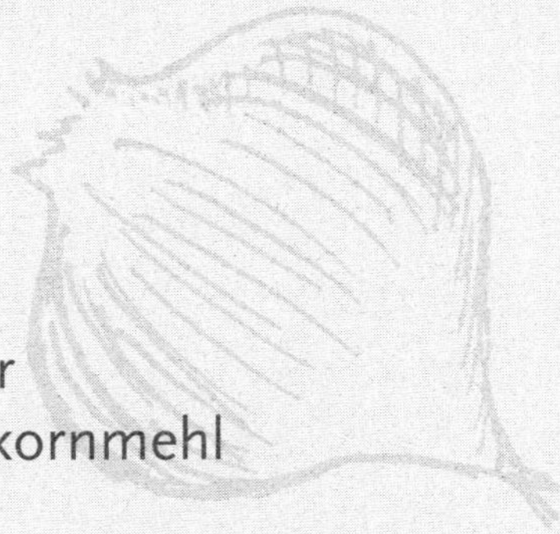

1 Zwiebel
1,5 kg Gänseklein (Innereien, Flügel)
1 Lorbeerblatt
2 Bund Suppengrün
1 Bund Liebstöckel
Salz
Pfeffer
30 g Butter
100 g Vollkornmehl
2 Eier

1 Die Zwiebel schälen und vierteln. Das Gänseklein waschen und zusammen mit der Zwiebel und dem Lorbeerblatt in 2 Liter leicht gesalzenem Wasser zum Kochen bringen und ca. 2 Stunden leicht köcheln lassen.

2 Das Suppengrün waschen, putzen, würfeln und nach 1 Stunde dazugeben.

3 Inzwischen den Liebstöckel waschen, trockentupfen und fein hacken.

4 1/4 l Wasser mit der Butter und etwas Salz aufkochen und das Vollkornmehl einrühren, bis sich ein Kloß bildet. Den Topf vom Herd nehmen. Mit Hilfe eines Handmixers die Eier sowie den Liebstöckel unterrühren.

5 Einen Topf mit Salzwasser zum Kochen bringen. Mit Hilfe von 2 Teelöffeln aus der Masse kleine Klößchen abstechen und im leicht kochenden Salzwasser ca. 15 Minuten garen.

6 Die Gänsebrühe durch ein Sieb gießen und mit Salz und Pfeffer würzen. Das Fleisch von den Knochen lösen und zusammen mit den Klößchen in die Suppe geben.

Tipp:

Um das Abstechen der Klößchen zu erleichtern, tauchen Sie die Teelöffel zwischendurch immer wieder in kaltes Wasser ein.

Kürbissuppe

4 Personen

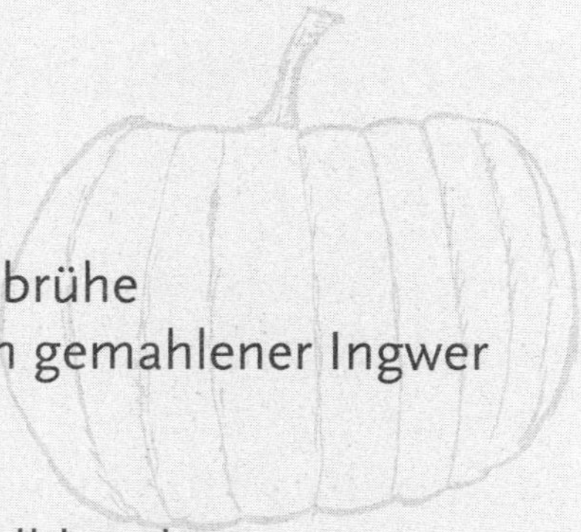

400 g Kürbis
200 g Möhren
1 Zwiebel
2 EL Butter
etwas Curry
2 EL fein gemahlenes Hirsemehl
1 l Gemüsebrühe
etwas frisch gemahlener Ingwer
Pfeffer
Salz
1 EL Mandelblättchen
4 EL Crème fraîche

1 Den Kürbis schälen, die Kerne entfernen und das Kürbisfleisch in kleine Stücke schneiden.

2 Die Möhren putzen, waschen und klein würfeln. Die Zwiebel schälen und fein hacken.

3 Die Butter erhitzen und die Zwiebelwürfel darin glasig dünsten. Kürbis und Möhren dazugeben und ebenfalls dünsten. Currypulver und Hirsemehl darüber streuen und anschwitzen.

4 Die Gemüsebrühe dazugeben, unter Rühren aufkochen und ca. 10 Minuten köcheln lassen. Anschließend die Suppe mit einem Pürierstab pürieren.

5 Die Suppe mit Ingwer, Pfeffer und Salz abschmecken. Die Mandelblättchen ohne Fettzugabe in einer Pfanne leicht bräunen. Die Suppe auf Tellern verteilen. Crème fraîche sowie die Mandelblättchen darauf geben.

Hildegard-Tipp:

„Seiner Natur nach ist der Kürbis trocken und warm; er wächst von der Luft. Für Gesunde und Kranke ist er gleichermaßen gut zu essen.“ (Physica)

Selleriecremesuppe

4 Personen

500 g Sellerie
1 Zwiebel
1 EL Öl
1 l Gemüsebrühe
3 EL Vollkornmehl
125 g Crème fraîche

Salz
Muskatnuss
1 Msp. Bertram
1 EL Zitronensaft
1 EL gehackte Petersilie

1 Den Sellerie putzen, waschen und in Stücke schneiden. Die Zwiebel schälen und hacken. Das Öl in einem Topf erhitzen und die Selleriestücke sowie die Zwiebelwürfel darin andünsten.

2 Mit der Gemüsebrühe ablöschen, aufkochen und ca. 15 Minuten leicht köcheln lassen. Anschließend mit dem Pürierstab pürieren.

3 Das Vollkornmehl mit etwas kaltem Wasser glatt rühren und zum Binden unter die Suppe rühren. Die Crème fraîche unterrühren. Die Suppe mit Salz, Muskatnuss, Bertram und Zitronensaft abschmecken.

4 Die Suppe auf Tellern verteilen und mit der gehackten Petersilie bestreuen.

Tipp:

Dazu passt ein frisches Dinkelvollkornbrot.

Möhren-Suppe

4 Personen

1 Zwiebel
300 g Möhren
2 EL Butter
3/4 l Gemüsebrühe
200 g Sahne
Salz
Muskatnuss
Bertram
Quendel
3–4 EL Dinkelvollkornmehl
1–2 EL gehackte Petersilie

1 Die Zwiebel schälen und in feine Würfel schneiden. Die Möhren putzen, und in kleine Stücke schneiden. Beides in der heißen Butter andünsten.

2 Mit der Gemüsebrühe ablöschen und die Sahne hinzugeben. Das Ganze aufkochen und etwa 10 Minuten köcheln lassen. Anschließend mit einem Pürierstab pürieren. Mit Salz, Muskatnuss, Bertram und Quendel würzen.

3 Das Dinkelvollkornmehl in etwas Wasser anrühren und die Suppe damit zur gewünschten Konsistenz binden. Die Suppe nochmals aufkochen und etwa 5 Minuten köcheln lassen. Mit der Petersilie bestreuen.

Weizenschrotsuppe mit Gemüse

4 Personen

1 Zwiebel
1 EL Sonnenblumenöl
50 g mittelfein gemahlener Weizen
1 l Gemüsebrühe
400 g Gemüse (Erbsen, Möhren, Kohlrabi, Blumenkohl etc.)
1 TL getrockneter Majoran
Muskatnuss
Salz
Bertram
Galgant
30 g Butter
4 EL Sahne
2 EL Weißwein
1 EL gehackte Petersilie

1 Die Zwiebel schälen und fein würfeln. Das Öl erhitzen und die Zwiebelwürfel darin andünsten. Den Weizen dazugeben und kurz unter Rühren anrösten.

2 Die Gemüsebrühe angießen und das Ganze zum Kochen bringen.

3 Währenddessen das Gemüse waschen, putzen und in feine Streifen oder Würfel schneiden und zusammen mit den Gewürzen in die Brühe geben und etwa 5 Minuten ziehen lassen, dabei nicht mehr Kochen.

4 Die Butter, die Sahne und den Wein dazugeben. Nochmals abschmecken und die gehackte Petersilie über die Suppe streuen.

Getreide-
gerichte

Kernotto

4 Personen

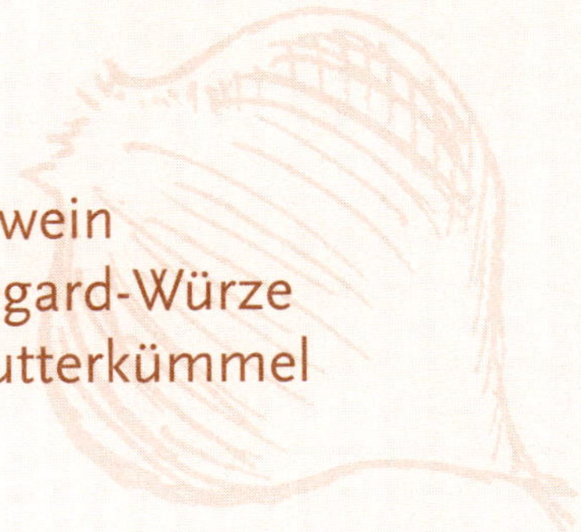

1 Zwiebel
1 EL Butter
200 g Kernotto
1/2 l Gemüsebrühe
2 EL Weißwein
1 EL Hildegard-Würze
1 Msp. Mutterkümmel

1 Die Zwiebel schälen und fein hacken. Die Butter erhitzen und die Zwiebelwürfel darin glasig dünsten. Das Kernotto dazugeben und etwas anschwitzen.

2 Die Gemüsebrühe, den Wein sowie die Gewürze dazugeben und das Ganze bei kleiner Hitze 30 bis 40 Minuten leicht köcheln lassen. Dabei gelegentlich umrühren.

Tipps:

Kernotto, auch Dinkelreis genannt, erhalten Sie im Reformhaus. Für das Kernotto wird die äußere Schale der Dinkelkörner abgeschmirgelt. Vorteil des Kernottos ist, dass es nicht mehr eingeweicht werden muss und es schneller gar ist.

Die Hildegard-Würze erhalten Sie ebenfalls im Reformhaus.

Sie können das Kernotto nach Lust und Laune variieren. Mischen Sie vor dem Anrichten klein geschnittenes, weich gekochtes Hühnerfleisch darunter und bestreuen das Kernotto mit etwas geriebenem Käse.

Dinkelbratlinge

4 Personen

1 Zwiebel
1–2 TL Butter
250 g Dinkelschrot
300 ml Gemüsebrühe
2 Zucchini
2 Eier
Salz
1/2 TL Bertram
1/2 TL Quendel
1 Msp. Galgant
75 g geriebener Käse
Öl zum Braten

1 Die Zwiebel schälen, in feine Würfel schneiden und diese in der heißen Butter goldgelb andünsten. Das Dinkelschrot dazugeben und unter Rühren kurz anrösten.

2 Die Gemüsebrühe angießen und alles einige Minuten unter Rühren köcheln lassen. Anschließend die Herdplatte ausschalten und das Ganze so ca. 20 Minuten quellen lassen.

3 Inzwischen die Zucchini waschen, die Enden abschneiden, Zucchini raspeln und unter den Dinkel mischen. Die Eier sowie die Gewürze dazugeben und unterarbeiten. Zum Schluss den Käse unterrühren.

4 Öl in einer Pfanne erhitzen und aus der Masse portionsweise die Bratlinge von beiden Seiten braten.

Tipp:

Die Dinkelbratlinge eignen sich auch gut für einen vegetarischen Burger. Dazu Brötchen aufschneiden mit Salatblättern, Senf, Gurken- und Tomatenscheiben sowie den Dinkelbratlingen belegen.

Dinkel-Mandel-Küchlein

4 Personen

1 Zwiebel
1 EL Butter
250 g Dinkelschrot
einige Rosmarinnadeln
1 EL Hildegard-Würze

100 g gehackte Mandeln
2 Eier
Salz
Butter zum Braten

1 Die Zwiebel schälen und in feine Würfel schneiden. Die Butter erhitzen und die Zwiebelwürfel darin andünsten.

2 Das Dinkelschrot, die gehackten Rosmarinnadeln sowie 1/2 l Wasser hinzugeben. Das Ganze aufkochen und anschließend etwa 20 Minuten quellen lassen.

3 Anschließend die Hildegard-Würze, Mandeln, Eier und Salz untermischen. Die Butter in einer Pfanne erhitzen. Aus der Masse kleine Küchlein formen und diese in der Butter von beiden Seiten goldgelb backen.

Tipp:

Rösten Sie die gehackten Mandeln in einer beschichteten Pfanne ohne Fett an, bevor Sie sie zum Dinkelschrot geben.

Dinkel-Kräuter-Grütze

4 Personen

1 Zwiebel
1 EL Butter
1 Tasse Dinkelgrütze
1/2 l Gemüsebrühe
1 EL gehackte Petersilie
1 EL gehackter Liebstöckel
1 EL gehackter Kerbel
Salz
1/2 TL Bertram
1/2 TL Galgant

1 Die Zwiebel schälen und in kleine Würfel schneiden. Die Butter erhitzen und die Zwiebelwürfel darin andünsten. Die Dinkelgrütze dazugeben und unter Rühren anrösten.

2 Das Ganze mit der Gemüsebrühe ablöschen. Die Kräuter sowie die Gewürze hinzugeben und alles unter gelegentlichem Rühren ca. 20 Minuten köcheln lassen.

Dinkelgrützeauflauf mit Käsekruste

4 Personen

150 g Möhren
1 Zwiebel
1 EL Butter
150 g Dinkelgrütze
3/4 l Gemüsebrühe
1 EL Hildegard-Würze
1/2 TL Salz
1 Msp. Galgant
1 Msp. Bertram
100 g geriebener Käse
2 EL gehackte Petersilie
2 Eier
150 g Sahne

1 Den Backofen auf 200 °C vorheizen. Die Möhren putzen und in dünne Scheiben schneiden. Die Zwiebel schälen, würfeln und in der heißen Butter anschwitzen. Die Dinkelgrütze dazugeben und unter Rühren anrösten.

2 Mit der Gemüsebrühe ablöschen. Die Gewürze unterrühren. Das Ganze aufkochen und etwa 20 Minuten köcheln lassen. Etwas abkühlen lassen.

3 Die Eier trennen. Die Eiweiße steif schlagen. Die Eigelbe mit der Sahne verquirlen. 50 g Käse und Petersilie unterrühren. Den Eischnee unterheben. Das Ganze unter die Dinkelgrütze mischen.

4 Eine Gratinform ausfetten und die Dinkelgrütze in die Form füllen. Den restlichen Käse darauf streuen und 15 bis 20 Minuten im heißen Backofen garen.

Dinkelschrot-Schnitten

4 Personen

1/2 l Milch
1/2 EL Salz
150 g Dinkelschrot
50 g Dinkelgrieß
2 Eier

1 TL Mutterkümmel
1 Msp. Paprika
50 g geriebener Käse
Öl zum Braten

1 Milch zusammen mit 1/2 Liter Wasser und dem Salz zum Kochen bringen. Das Dinkelschrot einrühren und ca. 5 Minuten köcheln lassen.

2 Den Dinkelgrieß einrühren, vom Herd nehmen und alles etwa 20 Minuten quellen lassen.

3 Die Eier mit den Gewürzen und dem Käse verrühren und unter die Dinkelmasse rühren. Die Masse etwa 1,5 cm dick auf ein abgespültes Küchenbrett ausstreichen und erkalten lassen.

4 Die erkaltete Dinkelmasse in Rechtecke oder Rauten schneiden und diese langsam im heißen Öl von beiden Seiten goldgelb braten.

Tipp:

Für die süße Variante nehmen Sie statt der Gewürze und dem Käse nur 1 Prise Salz sowie 50 g gehackte Mandeln, 2 Esslöffel Honig oder Birnendicksaft.

Dinkelküchlein

4 Personen

1 Zwiebel
1 EL Butter
250 g Dinkelschrot
einige Rosmarinnadeln
1/2 l Gemüsebrühe

2 Eier
1 EL Hildegard-Würze
Salz
100 g gehackte Mandeln
Butter zum Braten

1 Die Zwiebel schälen und in kleine Würfel schneiden. Die Butter erhitzen und die Zwiebelwürfel darin goldgelb andünsten. Das Dinkelschrot sowie die etwas zerkleinerten Rosmarinnadeln dazugeben und unter Rühren anrösten.

2 Anschließend die Gemüsebrühe angießen, das Ganze aufkochen und etwa 5 Minuten köcheln lassen. Den Topf vom Herd nehmen und etwa 15 Minuten quellen lassen.

3 Die Eier mit den Gewürzen sowie den gehackten Mandeln verrühren und unter die Dinkelmasse mischen. Butter in einer Pfanne erhitzen. Aus der Dinkelmasse mit feuchten Händen kleine Küchlein formen und diese von beiden Seiten goldbraun braten.

Kichererbsen im Dinkelflockenmantel

4 Personen

100 g Kichererbsen
200 g Dinkelflocken
2 Eier
100 g Magerquark
100 ml Milch

1 EL Hildegard-Würze
1/2 TL Salz
Muskatnuss
Mutterkümmel
Öl zum Braten

1 Die Kichererbsen über Nacht in 1/2 Liter lauwarmem Wasser einweichen.

2 Am nächsten Tag die Kichererbsen 10 Minuten im Dampfkochtopf garen. Anschließend abtropfen lassen und leicht zerdrücken.

3 Die zerdrückten Kichererbsen mit den Dinkelflocken mischen. Die Eier mit dem Quark, der Milch sowie den Gewürzen verrühren und alles unter die Getreidemasse rühren.

4 Öl in einer Pfanne erhitzen. Aus der Masse mit feuchten Händen Frikadellen formen und diese im heißen Öl von beiden Seiten goldbraun braten.

Tipp:

Sie können auch noch einige Kräuter unter die Getreidemasse rühren oder eine Zucchini raspeln und unterrühren.

Selbstgemachte Dinkelnudeln

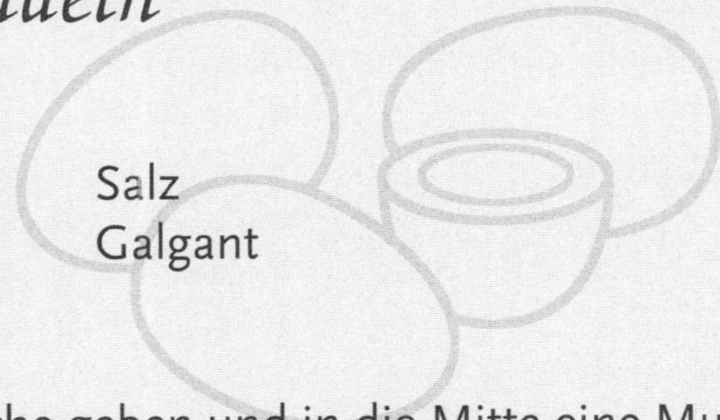

4 Personen

400 g fein gemahlenes Dinkelmehl
3–4 Eier
Salz
Galgant

1 Das Dinkelmehl auf die Arbeitsfläche geben und in die Mitte eine Mulde drücken.

2 Die Eier verquirlen und die Gewürze unterrühren. Die Eiermasse in die Mehlmulde geben und mit Hilfe einer Gabel immer mehr Mehl von außen in die Eiermasse einrühren.

3 Den Teig gut durchkneten und anschließend mindestens 30 Minuten ruhen lassen.

4 Entweder den Teig durch eine Nudelmaschine drehen oder ihn in 4 Stücke teilen und diese etwa 1 mm dünn ausrollen.
Etwa 1 bis 2 Stunden trocknen lassen.

5 Anschließend die Teigplatten in ca. 5 breite Streifen schneiden, aufeinanderlegen und mit einem scharfen Messer dünne Nudeln schneiden.

6 In einem großen Topf Salzwasser zum Kochen bringen, die Nudeln hineingeben und 2 bis 3 Minuten garen.

Tipp:

Für grüne Nudeln einfach gehackten Quendel oder Spinat in den Teig einarbeiten. Die rote Variante erhalten Sie durch Rote Bete Saft.

Dinkelspätzle

4 Personen

250 g Dinkelmehl
Salz
3 Eier
etwas Galgant

1 Das Dinkelmehl, 1-2 EL Wasser, Salz, Eier und Galgant in einer Küchenmaschine mit Knethaken zu einem glatten Teig verrühren und diesen ca. 30 Minuten ruhen lassen.

2 Einen großen Topf mit Salzwasser zum Kochen bringen. Mit Hilfe einer Spätzlepresse den Teig in das kochende Wasser geben.

3 Die Spätzle leicht köcheln lassen. Sie sind gar, wenn sie oben schwimmen. Mit einer Schöpfkelle aus dem Wasser nehmen.

Kräuterspätzle

4 Personen

300 g Dinkelmehl
1 TL Salz
3 Eier
100 g saure Sahne
2–3 EL gehackte Kräuter
(z. B. Peterslie, Salbei, Majoran)
1 TL Senf
Pfeffer

1 Dinkelmehl, Salz, Eier, saure Sahne, gehackte Kräuter, Senf und Pfeffer in einer Küchenmaschine zu einem glatten Teig verrühren und diesen ca. 30 Minuten ruhen lassen.

2 Einen großen Topf mit Salzwasser zum Kochen bringen. Mit Hilfe einer Spätzlepresse den Teig in das kochende Wasser geben.

3 Die Spätzle leicht köcheln lassen. Sie sind gar, wenn sie oben schwimmen. Mit einer Schöpfkelle aus dem Wasser nehmen.

Dinkelwaffeln

4 Personen

200 g Dinkelmehl
1/4 l Milch
Salz
1 Msp. Galgant
1 Msp. Bertram
2 EL gehackter Dill
Butter für das Waffeleisen

1 Das Dinkelmehl mit Milch, den Gewürzen sowie dem Dill verrühren und den Teig anschließend 10 Minuten quellen lassen. Der Teig sollte dann leicht fließend sein, deshalb vor dem Backen eventuell einen Schuss Mineralwasser hinzufügen.

2 Ein Waffeleisen mit Butter einfetten und nacheinander aus dem Teig Waffeln backen.

Tipp:

Die Waffeln passen hervorragend zu einem frischen Salat. Zusammen mit einem leckeren Kräuterquark sind sie ein schönes Abendessen.

Dinkelklöße

4 Personen

500 g Dinkelmehl
10 g Hefe
1/4 l lauwarme Milch
3 Eier
1 EL Butter
1 TL Salz
1/2 TL Galgant

1 Das Dinkelmehl in eine Schüssel geben. Die Hefe in der lauwarmen Milch auflösen. Das Mehl mit der Hefemilch, den Eiern, der Butter und den Gewürzen verrühren und anschließend zu einem geschmeidigen Teig verkneten. Zugedeckt an einem warmen Ort etwa 30 Minuten ruhen lassen.

2 Aus dem Teig mit feuchten Händen Klöße formen und diese nochmals 10 Minuten ruhen lassen.

3 Inzwischen 2 Liter leicht gesalzenes Wasser zum Kochen bringen und die Klöße hineingeben. Bei milder Hitze 15 bis 20 Minuten garen.

Tipp:

Die Klöße passen nicht nur zu Gemüse- und Fleischgerichten, sondern eignen sich auch als süßes Hauptgericht zusammen mit Obst und einer Vanillesauce.

Dinkel-Pfannkuchen

4 Personen

150 g Dinkelmehl
200 ml Milch
Salz

3 Eier
etwas Galgant
Öl zum Backen

1 Das Dinkelmehl, die Milch und das Salz miteinander verrühren und das Ganze mindestens 30 Minuten quellen lassen.

2 Die Eier mit Galgant verquirlen und unter den gequollenen Teig rühren. Das Öl in einer beschichteten Pfanne erhitzen und aus dem Teig portionsweise kleine Pfannkuchen backen.

Tipp:

Sie können die Pfannkuchen mit einer leckeren Gemüsemischung füllen, sie anschließend zusammenrollen mit etwas geriebenem Käse bestreuen und das Ganze im Backofen bei 200 °C solange überbacken, bis der Käse zu bräunen beginnt.

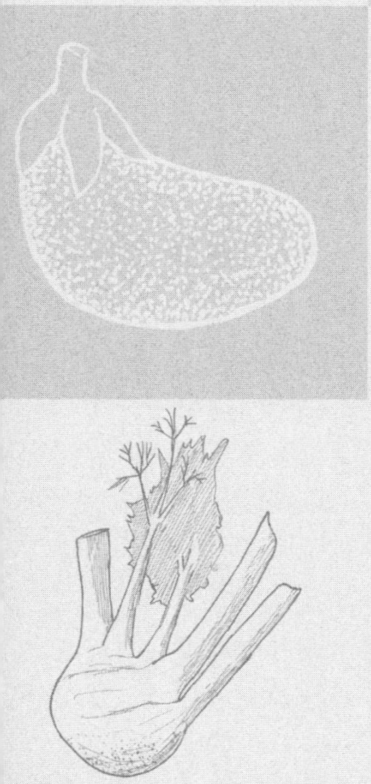

Gemüsegerichte

Rotkohlrouladen

4 Personen

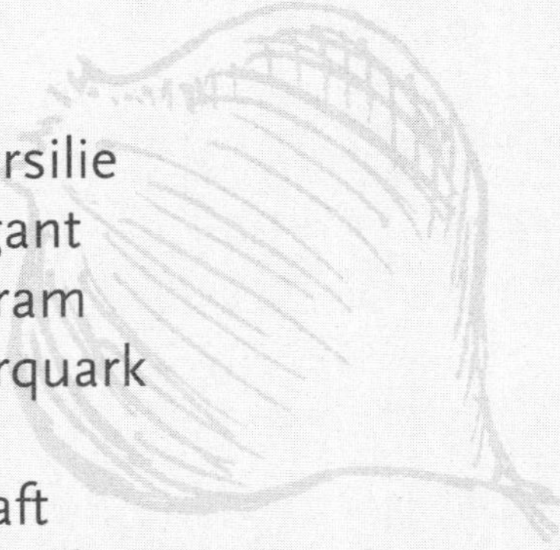

12 Rotkohlblätter
Salz
2 Zwiebeln
2 EL Sonnenblumenöl
200 g Dinkelmehl (grob gemahlen)
400 ml Gemüsebrühe
2 EL gehackte Walnüsse

1 Bund Petersilie
1 Msp. Galgant
1 Msp. Bertram
150 g Magerquark
1 EL Butter
1/4 l Apfelsaft
100 g saure Sahne

1 Die Rotkohlblätter waschen und in kochendem Salzwasser kurz blanchieren. Anschließend auf Küchenpapier zum Abtrocknen legen.

2 Die Zwiebeln schälen, würfeln und im heißen Öl andünsten. Das Dinkelmehl hinzugeben und kurz anschwitzen. Das Ganze mit der Gemüsebrühe ablöschen, unter Rühren aufkochen und etwa 15 Minuten bei geschlossenem Deckel köcheln lassen. Anschließend die Herdplatte ausstellen und das Ganze nachquellen lassen.

3 Die Nüsse in einer beschichteten Pfanne ohne Fett anrösten.

4 Die Petersilie waschen, trocken schütteln und hacken. 3/4 davon mit etwas Salz, Galgant, Bertram und dem Quark verrühren. Die Quarkmasse mit dem Dinkel verrühren.

5 Die Rotkohlblätter mit Salz würzen. Die Dinkel-Quark-Masse darauf verteilen und die Blätter zusammenrollen. Falls nötig mit einem Holzstäbchen zusammenstecken.

6 Die Butter erhitzen und die Rouladen darin von allen Seiten kurz anbraten. Den Apfelsaft dazugießen und das Ganze etwa 30 Minuten schmoren lassen.

7 Die saure Sahne mit der restlichen Petersilie verrühren, über die Rouladen geben und mit den Walnüssen bestreuen.

Fenchel-Möhren-Auflauf

4 Personen

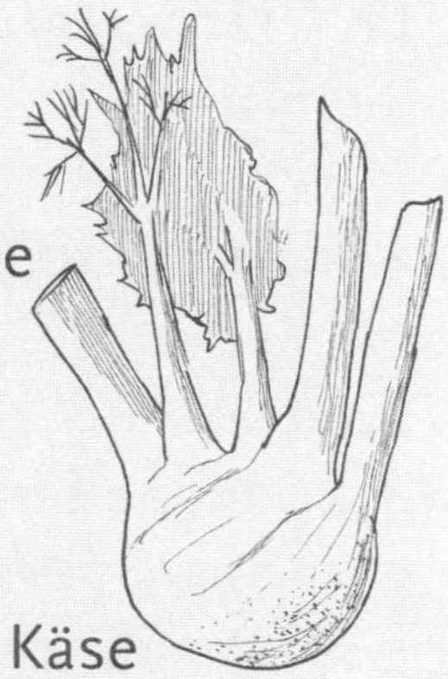

500 g Fenchel
500 g Möhren
1 große Zwiebel
Butter für die Form
3 Eier
250 g saure Sahne
1 Bund Petersilie
Salz
Pfeffer
Muskatnuss
1 Msp. Bertram
75 g geriebener Käse

1 Den Backofen auf 200 °C vorheizen. Den Fenchel waschen, putzen und in dünne Scheiben schneiden. Das Fenchelgrün grob hacken. Die Möhren waschen, putzen und in dünne Stifte schneiden. Fenchelscheiben und Möhrenstifte in kochendem Salzwasser etwa 5 Minuten blanchieren.

2 Die Zwiebel schälen und in feine Würfel schneiden. Fenchel, Fenchelgrün, Möhren und Zwiebeln mischen und in eine gefettete Auflaufform geben.

3 Die Eier und die saure Sahne miteinander verrühren. Die Petersilie waschen, putzen und hacken. Die Hälfte davon in der Eiermasse rühren, die Gewürze ebenfalls unterrühren.

4 Die Eiermasse über das Gemüse geben und das Ganze mit dem geriebenen Käse bestreuen. Im heißen Backofen 25 bis 30 Minuten überbacken. Den fertigen Auflauf mit der restlichen Petersilie bestreuen.

Hildegard-Tipp:

Fenchel ist das Lieblingsgemüse von Hildegard von Bingen. Er reinigt den Magen und Darm und räumt mit Fäulnisstoffen auf. Sogar Mundgeruch verschwindet bei regelmäßigem Verzehr.

Saubohnengemüse mit Käsekruste

4 Personen

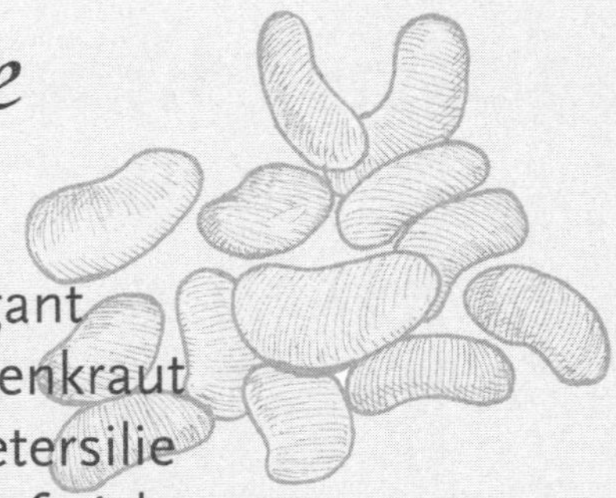

4 EL Haferflocken
1 Knoblauchzehe
1 Zwiebel
2 EL Butter
400 g Saubohnen (enthülst)
1/4 l Gemüsebrühe
Salz

1 Msp. Galgant
etwas Bohnenkraut
1/2 Bund Petersilie
150 g Crème fraîche
1 TL Mehl
125 g geriebener Käse

1 Die Haferflocken in Wasser einweichen und etwa 30 Minuten stehen lassen.

2 Knoblauchzehe und Zwiebel schälen und fein hacken. Die Butter in einem Topf erhitzen und beides darin anschwitzen. Die Bohnen dazugeben, kurz mitschwitzen und anschließend die Gemüsebrühe angießen.

3 Das Ganze mit Salz, Galgant und Bohnenkraut würzen und etwa 20 Minuten garen.

4 Den Backofen auf 200 °C vorheizen. Die Petersilie waschen, trockenschütteln und fein hacken. Die Crème fraîche mit dem Mehl verrühren und zusammen mit der Petersilie unter die Bohnen rühren.

5 Nochmals abschmecken und das Ganze in eine gefettete Auflaufform geben. Die abgeschütteten Haferflocken mit dem geriebenen Käse mischen und über die Bohnen streuen.

6 Das Ganze im heißen Backofen überbacken, bis sich eine goldgelbe Kruste gebildet hat.

Kichererbsenklößchen

4 Personen

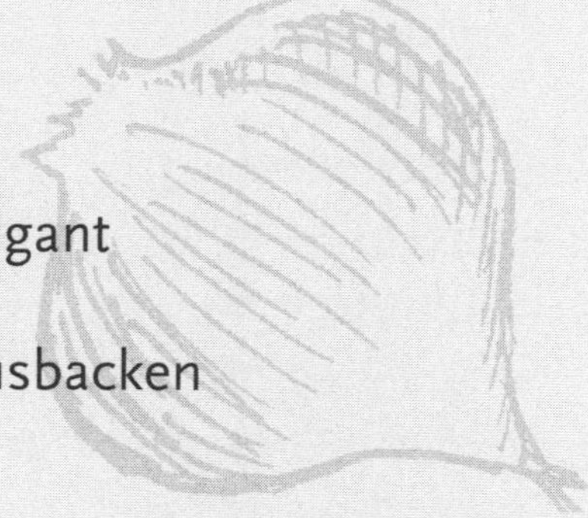

500 g Kichererbsen
1 Zwiebel
1 TL Koriander
1/2 TL Kreuzkümmel
3 EL Salz
1 Msp. Galgant
2 EL Mehl
Öl zum Ausbacken

1 Die Kichererbsen über Nacht in reichlich Wasser einweichen.

2 Am nächsten Tag die Kichererbsen abtropfen lassen. Die Zwiebel schälen und grob zerkleinern. Kichererbsen und Zwiebelstücke im Mixer pürieren.

3 Koriander, Kreuzkümmel, Salz, Galgant und Mehl unterkneten. Aus dem Teig kleine Kugeln formen und im heißen Fett ausbacken, bis sie goldgelb sind. Die Klößchen auf Küchenpapier abtropfen lassen.

Tipp:

Zu den Kichererbsenklößchen passt Gemüse der Saison in einer Sauce aus Crème fraîche oder Sahne.

Fenchel-Dinkel-Auflauf

4 Personen

4 Fenchelknollen
Salz
3 EL Butter
60 g Dinkelmehl
600 ml Gemüsebrühe
Muskatnuss

1 Msp. Galgant
1 Msp. Bertram
2 Eier
2 EL geriebener Käse
2 EL Semmelbrösel

1 Den Fenchel waschen, putzen und in Streifen schneiden. In kochendem Salzwasser bissfest garen. Eine Auflaufform fetten und den Fenchel hineingeben.

2 Den Backofen auf 200 °C vorheizen. 2 EL Butter erhitzen, das Dinkelmehl hineinrühren, anschwitzen und mit der Gemüsebrühe unter Rühren ablöschen. Das Ganze etwa 5 Minuten köcheln lassen. Etwas Abkühlen lassen.

3 Mit Muskatnuss, Salz, Galgant und Bertram würzen. Die Eier trennen und die Eigelbe sowie den geriebenen Käse unter die Sauce rühren.

4 Die Eiweiße steif schlagen und unterheben. Die Sauce über den Fenchel gießen.

5 Die Semmelbrösel darüber streuen und die restliche Butter in Flöckchen darauf setzen. Das Ganze im heißen Backofen etwa 25 Minuten überbacken.

Bunter Spaghetti-Topf

4 Personen

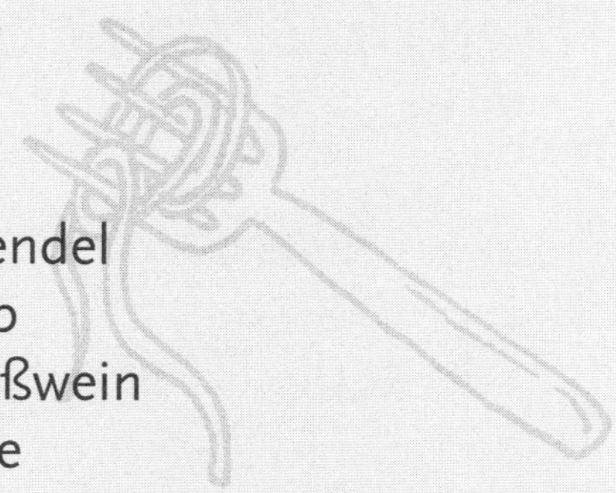

200 g Möhren
200 g grüne Bohnen
1 Zwiebel
1 Knoblauchzehe
1 EL Butter
150 ml Gemüsebrühe
1 1/2 EL Hildegard-Würze
1 Msp. Quendel
1 Msp. Ysop
100 ml Weißwein
250 g Sahne
Salz
250 g Dinkelspaghetti
80 g geriebener Käse

1 Möhren und Bohnen waschen, putzen und in feine Stücke schneiden. Zwiebel und Knoblauchzehe schälen und hacken.

2 Die Butter in einer Pfanne erhitzen, Zwiebel und Knoblauch dazugeben und andünsten. Möhren und Bohnen hinzugeben und ebenfalls andünsten.

3 Das Ganze mit der Gemüsebrühe ablöschen, die Hildegard-Würze dazugeben und das Gemüse weich garen. Anschließend Quendel, Ysop, Weißwein und Sahne dazugeben und zur gewünschten Konsistenz einkochen lassen.

4 Inzwischen die Spaghetti in reichlich Salzwasser bissfest garen. Anschließend abschütten.

5 Die Spaghetti mit dem Gemüse und dem geriebenen Käse mischen und anrichten.

Kürbispfannkuchen

4 Personen

250 g Kürbis
4 Eier
2 EL Sahne
2 TL Salz
200 g feines Dinkelschrot
2 EL Sonnenblumenkerne

1 Msp. Ysop
1 Msp. Bertram
1 Msp. Quendel
1 Msp. Fenchel
1 Msp. Galgant
Butter zum Backen

1 Den Kürbis schälen und fein raspeln. Die Eier mit der Sahne und dem Salz verrühren und das Dinkelschrot unterrühren. Das Ganze etwa 20 Minuten quellen lassen.

2 Anschließend die Kürbisraspeln, die Sonnenblumenkerne sowie die Gewürze untermischen. Die Butter in einer beschichteten Pfanne erhitzen und aus dem Teig 5 bis 6 Pfannkuchen backen.

Tipp:

Zu den Kürbispfannkuchen passt ein gemischter Wurzelsalat aus Möhren und Sellerie.

Gefüllte Zucchini

4 Personen

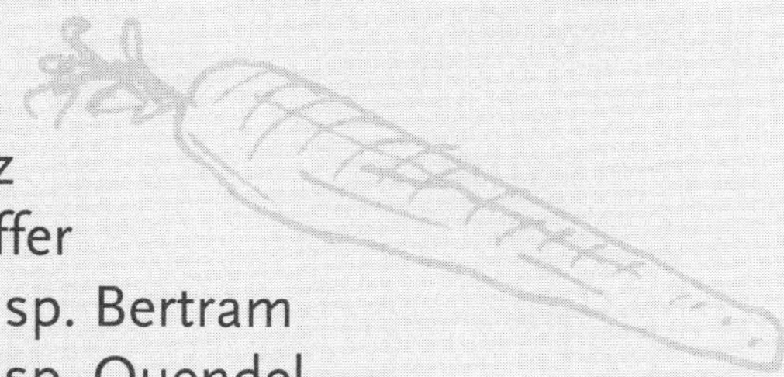

150 g Dinkelkörner
1/2 l Gemüsebrühe
4 mittelgroße Zucchini
2 Zwiebeln
250 g Möhren
3 EL Butter
2 Eier
Salz
Pfeffer
1 Msp. Bertram
1 Msp. Quendel

1 Die Dinkelkörner in 1/4 l Gemüsebrühe etwa 30 Minuten garen.

2 Die Zucchini waschen, putzen und halbieren und mit einem kleinen Löffel das Fruchtfleisch herausschaben und aufheben.

3 Die Zwiebeln schälen und in feine Würfel schneiden. Die Möhren putzen und in kleine Würfel schneiden. Die Hälfte der Butter erhitzen und die Gemüsewürfel darin andünsten.

4 Die gegarten Dinkelkörner hineingeben und etwas mitdünsten. Vom Herd nehmen und die Eier sowie die Gewürze untermengen. Die Getreidemasse etwas stehen lassen.

5 Anschließend die Zucchinihälften damit füllen. Die restliche Butter in einer tiefen Pfanne oder einem Bräter erhitzen und die Zucchinihälften darin etwas andünsten. Mit der restlichen Gemüsebrühe auffüllen, das ausgeschabte Fruchtfleisch dazugeben. Zugedeckt das Ganze etwa 30 Minuten garen.

Fenchelauflauf

4 Personen

4 Fenchelknollen
3 EL Butter
60 g Dinkelvollkornmehl
600 ml Gemüsebrühe oder Milch
Muskatnuss
Salz
1 Msp. Bertram
1 Msp. Galgant
2 EL geriebener Käse
2 Eier
2 EL Semmelbrösel

1 Den Backofen auf 200 °C vorheizen. Die Fenchelknollen waschen, putzen und in Streifen schneiden. Anschließend in Salzwasser bissfest garen und in eine gefettete Auflaufform füllen.

2 2 EL Butter in einem Topf erhitzen und das Mehl einrühren und anrösten. Mit der Gemüsebrühe bzw. der Milch aufgießen und das Ganze etwa 5 Minuten köcheln lassen.

3 Mit Muskatnuss, Salz, Bertram und Galgant würzen. Die Eier trennen und die Eigelbe zusammen mit dem Käse unterrühren.

4 Die Eiweiße steif schlagen und unterziehen. Die Sauce über den Fenchel geben und mit den Semmelbröseln bestreuen. Die restliche Butter in Flöckchen darauf setzen. Im heißen Backofen etwa 25 Minuten backen.

Dinkelnudeln mit Pilzsauce

4 Personen

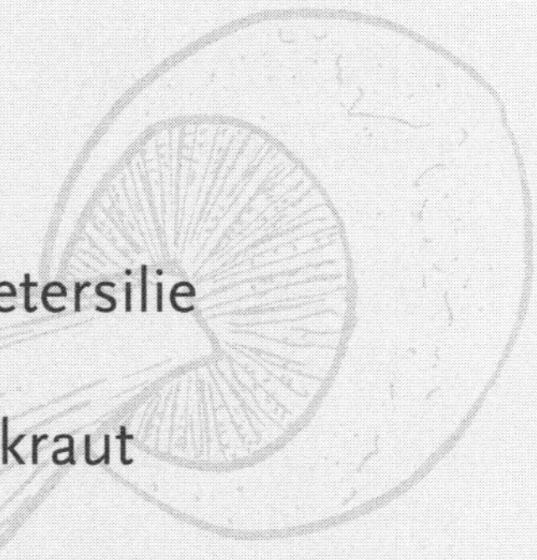

200 g Dinkelvollkornnudeln
Salz
1 Zwiebel
200 g Pilze (z. B. Champignons)
1 EL Butter
1 TL Zitronensaft

1 EL gehackte Petersilie
1 Msp. Quendel
1 Zweig Bohnenkraut
200 g Sahne
etwas geriebener Käse

1 Die Dinkelvollkornnudeln in reichlich Salzwasser bissfest garen. Anschließend abgießen.

2 Die Zwiebel schälen und in kleine Würfel schneiden. Die Pilze putzen und in Scheiben schneiden. Die Butter in einer Pfanne erhitzen und die Zwiebelwürfeln darin andünsten. Die Pilze dazugeben und dünsten.

3 Den Zitronensaft darüber geben und Salz und Kräuter einrühren. Das Ganze etwa 5 Minuten köcheln lassen.

4 Die Sahne einrühren und die Sauce auf gewünschte Konsistenz einkochen lassen. Nochmals abschmecken und zusammen mit den Nudeln servieren. Den geriebenen Käse über die Nudeln streuen.

Gemüse aus dem Wok nach Hildegard

4 Personen

1 Zucchini
2 Möhren
1 Stangensellerie
1 Fenchelknolle
2 Zwiebeln
1 Knoblauchzehe
200 g Champignons

2 EL Sonnenblumenöl
Galgant
Bertram
etwas Zitronensaft
etwas Gemüsebrühe
Salz

1 Zucchini, Möhren, Stangensellerie und Fenchel waschen, putzen und in feine Streifen schneiden. Die Zwiebeln schälen, vierteln und auch in feine Streifen schneiden. Die Knoblauchzehe schälen und hacken. Die Champignons putzen und in Scheiben schneiden.

2 Das Öl in einem Wok erhitzen und das Gemüse sowie die Champignons darin unter Rühren bissfest garen. Mit Galgant, Bertram, Zitronensaft, Gemüsebrühe und Salz würzen.

Gebackene Sellerieschnitzel

4 Personen

800 g Sellerie
2 Eier
Salz
Galgant
Bertram
Quendel
Dinkelmehl zum Panieren
Sesamsamen zum Panieren
Butterschmalz zum Ausbacken

1 Den Sellerie waschen, putzen und in etwa 1 cm dicke Scheiben schneiden und salzen.

2 Die Eier verquirlen, mit Salz, Galgant, Bertram und Quendel würzen und in einen tiefen Teller geben. Das Dinkelmehl sowie die Sesamsamen ebenfalls getrennt auf Tellern verteilen.

3 Die Selleriescheiben zuerst im Dinkelmehl, dann in der Eiermasse und schließlich in den Sesamsamen wenden.

4 Das Butterschmalz in einer Pfanne erhitzen und die Sellerieschnitzel darin goldgelb von beiden Seiten ausbacken.

Tipp:

Auf diese Weise können Sie auch Gemüseschnitzel aus Kohlrabi oder Zucchini zubereiten.

Überbackener Kürbis

4 Personen

1 kg Kürbis
1–2 EL Butter
250 g Crème fraîche
1 Ei
1 EL Dinkelmehl
1–2 Knoblauchzehen
1 EL Schnittlauchröllchen
1 EL gehackte Petersilie
Salz
Galgant
Bertram
Ysop
2–3 EL Semmelbrösel

1 Den Backofen auf 200 °C vorheizen. Den Kürbis waschen, schälen, entkernen und das Fruchtfleisch in kleine Würfel schneiden. Diese in eine gefettete Auflaufform geben.

2 Die Crème fraîche, Ei und Dinkelmehl verrühren. Die Knoblauchzehen schälen, klein schneiden und in die Crème fraîche rühren. Kräuter sowie die Gewürze ebenfalls einrühren.

3 Die Sauce über die Kürbiswürfel geben und das Ganze mit den Semmelbröseln bestreuen. Die Butter in Flöckchen darauf setzen. Im heißen Backofen 20 bis 30 Minuten gratinieren.

Hildegard-Tipp:

Hildegard von Bingen empfiehlt den Kürbis ohne Einschränkungen für gesunde und kranke Menschen: „Die Kürbisse sind trocken und kalt. Sie wachsen im Wesentlichen von der Luft. Sie sind für Kranke und Gesunde gut zu essen.“ (Physica)

Fleisch- und Fischgerichte

Lasagne verde mit Quark

4 Personen

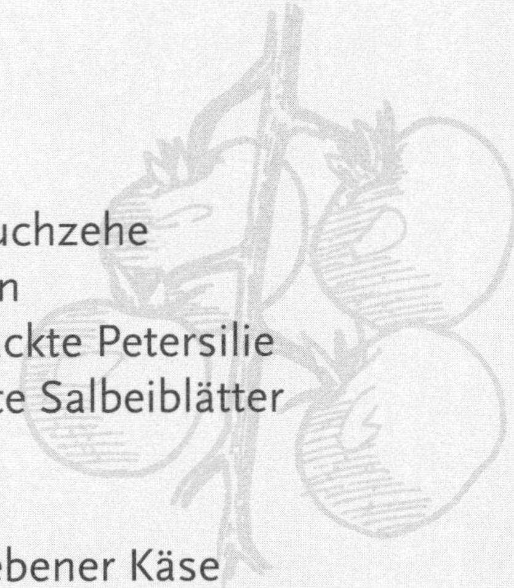

250 g grüne Dinkelnudeln
Salz
2 Eier
100 g Quark
100 g Sahne
1 TL Hildegard-Würze
200 g Hackfleisch
1–2 EL Sonnenblumenöl
1 Zwiebel
1 Knoblauchzehe
3 Tomaten
1 EL gehackte Petersilie
2 gehackte Salbeiblätter
Galgant
Bertram
75 g geriebener Käse
1–2 EL Butter

1. Die Dinkelnudeln in reichlich Salzwasser bissfest kochen.

2. Für die Quarksauce die Eier, Quark, Sahne und die Hildegard-Würze miteinander verrühren. Den Backofen auf 200 °C vorheizen.

3. Das Hackfleisch im heißen Sonnenblumenöl anbraten. Die Zwiebel und die Knoblauchzehe schälen, beides hacken und zu dem Hackfleisch geben.

4. Die Tomaten waschen, den Strunk entfernen und das Fruchtfleisch in kleine Stücke schneiden. Zusammen mit den Kräutern zum Fleisch geben und mitbraten. Die Hackfleischmasse mit Salz, Pfeffer, Galgant und Bertram abschmecken.

5. Eine Auflaufform einfetten und abwechselnd Nudeln, Hackfleisch und Quarksauce einfüllen. Die letzte Schicht besteht aus Nudeln. Diese mit dem geriebenen Käse bestreuen und die Butter in Flöckchen darauf setzen.

6. Das Ganze im heißen Backofen 20 bis 30 Minuten backen. Sollte der Käse zu braun werden, den Auflauf mit Alufolie abdecken.

Gekochtes Rindfleisch mit Grüner Sauce

4 Personen

1 Bund Suppengrün
2 Zwiebeln
1 kg Rindfleisch (ohne Knochen)
Salz
2 Lorbeerblätter
einige Pfefferkörner
4 hartgekochte Eier
8 EL Sonnenblumenöl
2–3 EL Weinessig
Pfeffer
Bertram
1 Packung Kräuter für grüne Sauce
75 g saure Sahne

1 Das Suppengrün waschen, putzen und grob zerkleinern. Eine Zwiebel schälen und vierteln. Beides zusammen mit Salz, Lorbeerblättern, Pfefferkörnern und dem Rindfleisch in 2 Liter Wasser aufkochen und bei schwacher Hitze 1 1/2 bis 2 Stunden garen.

2 Für die Sauce Eigelbe durch ein Haarsieb streichen. Das Öl nach und nach unterrühren. Den Essig dazugeben und das Ganze mit Salz, Pfeffer und Bertram würzen.

3 Die restliche Zwiebel schälen und in sehr feine Würfel schneiden. Das Eiweiß fein hacken. Die Kräuter waschen, trockentupfen und sehr fein hacken.

4 Zwiebel- und Eiweißwürfel, Kräuter sowie die saure Sahne unter die Sauce mischen und nochmals abschmecken.

5 Das Fleisch in Scheiben schneiden und mit der Sauce anrichten.

Tipp:

Eine Frankfurter Grüne Sauce enthält traditionell 7 Kräuter: Borretsch, Kerbel, Kresse, Petersilie, Pimpinelle, Sauerampfer und Schnittlauch. Oft werden jedoch auch noch Dill, Liebstöckel und Zitronenmelisse dazugegeben.

Hackfleischtopf mit Bohnen

4 Personen

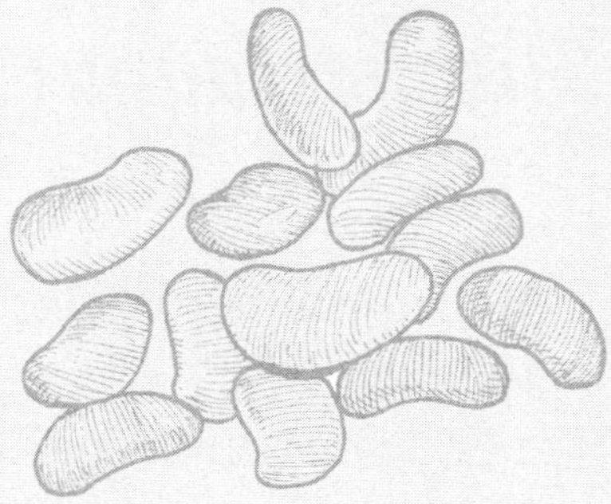

300 g Kidney-Bohnen
Salz
350 g grüne Bohnen
1 große Zwiebel
1 Knoblauchzehe
3 EL Öl
400 g Rinderhackfleisch
Pfeffer
Galgant
Bertram
Quendel
100 g Crème fraîche

1 Die Kidney-Bohnen über Nacht in Wasser einweichen.

2 Am nächsten Tag die Kidney-Bohnen in Salzwasser etwa 45 Minuten garen. Die grünen Bohnen waschen, putzen, in kurze Stücke schneiden und in Salzwasser etwa 20 Minuten garen.

3 Die Zwiebel und die Knoblauchzehe schälen und hacken. Das Öl in einer Pfanne erhitzen und beides darin andünsten. Das Hackfleisch dazugeben und anbraten. Die Gewürze sowie das Bohnenkraut dazugeben.

4 Beide abgetropften Bohnensorten zu dem Hackfleisch geben und die Crème fraîche unterheben. Nochmals abschmecken und servieren.

Hühnerragout

4 Personen

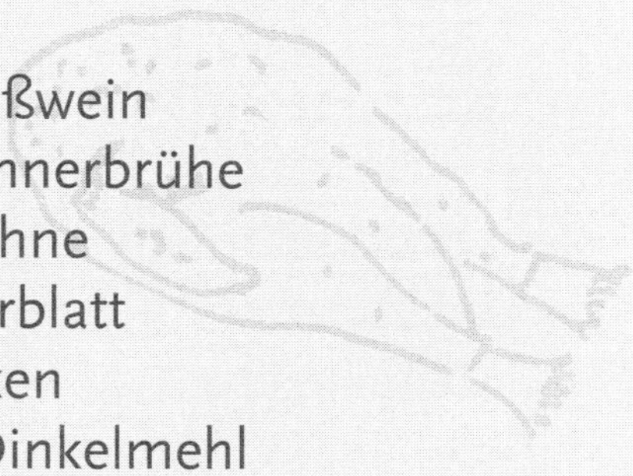

600 g Hähnchenfilet
1 Zwiebel
2 El Sonnenblumenöl
Salz
Galgant
Bertram

1/8 l Weißwein
1/8 l Hühnerbrühe
250 g Sahne
1 Lorbeerblatt
1–2 Nelken
1–2 EL Dinkelmehl

1 Das Hähnchenfleisch waschen, trockentupfen und in kleine Stücke schneiden. Die Zwiebel schälen und fein hacken.

2 Das Öl in einer Pfanne erhitzen und beides darin anbraten. Mit Salz, Galgant und Bertram würzen. Mit Weißwein, Hühnerbrühe und Sahne ablöschen. Lorbeerblatt und Nelken dazugeben und das Ganze etwa 15 Minuten leicht köcheln lassen.

3 Das Dinkelmehl mit etwas kaltem Wasser anrühren und damit die Sauce binden. Vor dem Servieren das Lorbeerblatt sowie die Nelken entfernen.

Tipp:

Zu Hühnerfleisch schrieb Hildegard:
„Das Huhn ist von kalter und trockener Natur. Das Fleisch ist gesunden Menschen durchaus bekömmlich, denn es macht nicht fett – auch die Kranken erquickt es ein wenig. Allerdings sollten sehr kranke Menschen nicht zu oft Hühnerfleisch essen, sonst entsteht Schleim im Magen und macht diesen so krank, dass er das Fleisch kaum verdauen kann. Dies rührt von der kalten Beschaffenheit des Huhns her. Wenn jemand sehr krank ist, sollte er das Hühnerfleisch zusammen mit einem anderen beliebigen Fleisch kochen lassen. Dadurch wird es durch den Saft der anderen Fleischarten gemäßigt. Gebratenes Hühnerfleisch sollten Kranke allerdings meiden, weil es zu schwer verdaulich ist.“ (Physica)

Hildegard-Tipp:

Dazu passen selbstgemachte Dinkelnudeln oder Dinkelreis.

Gulasch mit Gemüse

4 Personen

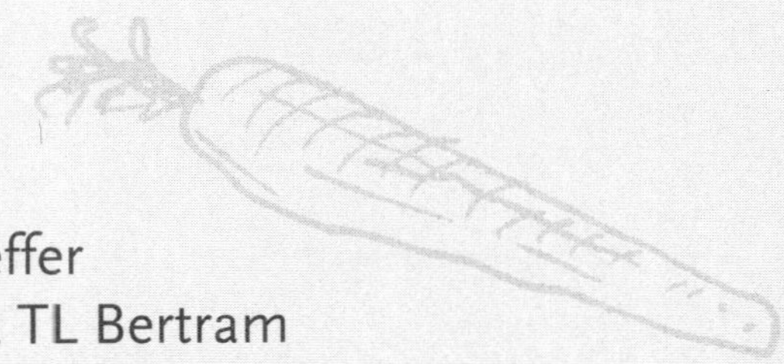

800 g Rindergulasch
200 g Möhren
150 g Kartoffeln
2–3 Zwiebeln
2–3 El Öl
1 Lorbeerblatt
Salz
Pfeffer
1/2 TL Bertram
1/2 TL Galgant
1/2 TL Quendel
3/4 l Rinderbrühe
3 EL Sahne

1 Das Fleisch waschen und trockentupfen. Die Möhren putzen und in 1 cm dicke Scheiben schneiden. Die Kartoffeln waschen, schälen und in 1 cm große Würfel schneiden. Die Zwiebeln schälen und klein würfeln.

2 Das Öl in einem Schnellkochtopf erhitzen und das Fleisch darin portionsweise anbraten, herausnehmen und warm stellen.

3 Die Zwiebel in dem Öl anbraten, dann das restliche Gemüse hinzufügen und ebenfalls anbraten. Das Fleisch, das Lorbeerblatt sowie die Gewürze hinzugeben.

4 Das Ganze mit der Rinderbrühe auffüllen und im geschlossenen Schnellkochtopf etwa 30 Minuten garen.

5 Anschließend das Gulasch mit der Sahne verfeinern und nochmals abschmecken. Vor dem Servieren das Lorbeerblatt entfernen.

Tipp:

Sollte Ihnen das Gulasch zu dünnflüssig sein, rühren Sie einfach etwas Dinkelmehl mit kaltem Wasser an und binden Sie die Sauce damit.
Zu dem Gulasch passen selbstgemachte Dinkelnudeln oder Spätzle.

Hildegard-Tipp:

Menschen mit einer schlechten Durchblutung sollten lieber auf Rindfleisch verzichten, da es sie eher noch auskühlt. In diesem Falle verwenden Sie lieber Geflügelfleisch. Bedenken Sie jedoch, dass sich die Garzeit dann reduziert.

Hackfleischtaschen

4 Personen

250 g helles Dinkelmehl
2 Eier
1 TL Salz
1 EL Sonnenblumenöl
400 g Rinderhackfleisch (alternativ Geflügelhackfleisch)
2 Zwiebeln
1 Knoblauchzehe

Salz
Quendel
Ysop
2 TL Butter
400 g saure Sahne
1 EL Hildegard-Würze
2 EL gehackte Kräuter (z. B. Petersilie, Schnittlauch, Kerbel, Basilikum)

1 Für den Strudelteig das Dinkelmehl in eine Schüssel geben und in der Mitte eine Mulde machen. Eier, Salz, 2-3 EL Wasser und das Öl in die Mulde geben und nach und nach das Mehl unterarbeiten. Den Teig gut verkneten und etwa 30 Minuten ruhen lassen.

2 Inzwischen für die Füllung 1 Zwiebel und die Knoblauchzehe schälen und hacken. Beides zusammen mit 1 EL Wasser, dem Salz, Quendel und Ysop unter das Hackfleisch kneten.

3 Den Teig sehr dünn ausrollen und Kreise mit einem Durchmesser von 8 cm ausstechen. Jeweils 1 EL der Hackfleischmasse auf die Mitte geben und die Ränder mit Wasser bestreichen. Die eine Teighälfte auf die andere schlagen und die Ränder fest andrücken.

4 In einem großen Topf reichlich Salzwasser zum Kochen bringen, Hitze reduzieren und die Teigtaschen darin 5 bis 10 Minuten gar ziehen lassen.

5 Inzwischen für die Kräutersauce die zweite Zwiebel schälen und fein würfeln. Die Butter in einer Pfanne erhitzen und die Zwiebelwürfel darin andünsten. Hitze reduzieren und die saure Sahne einrühren.

6 Hildegard-Würze sowie die Kräuter einrühren und die Sauce zusammen mit den fertigen Hackfleischtaschen servieren.

Rindfleischtopf

4 Personen

200 g Dinkelkörner
200 g Rinderfilet
2 Zwiebeln
4 Möhren
200 g grüne Bohnen
2 EL Sonnenblumenöl
400 ml Gemüsebrühe
1 EL Hildegard-Würze
1 Msp. Bertram
1 Msp. Quendel
1 Msp. Galgant
Salz

1 Die Dinkelkörner über Nacht einweichen. Am nächsten Tag in dem Einweichwasser weich kochen.

2 Das Fleisch waschen, trockentupfen und in 2 cm große Würfel schneiden. Die Zwiebeln schälen und würfeln. Die Möhren putzen und in dünne Scheiben schneiden. Die Bohnen waschen, putzen und in kleine Stücke schneiden.

3 Das Öl in einem Topf erhitzen und das Fleisch darin anbraten und herausnehmen. Die Zwiebeln im Bratfett anschwitzen. Die Möhrenscheiben dazugeben und ebenfalls anschwitzen.

4 Die Gemüsebrühe angießen und das Fleisch, die Bohnen, die Dinkelkörner sowie die Gewürze dazugeben. Das Ganze aufkochen und 20 bis 30 Minuten köcheln lassen. Anschließend nochmals abschmecken.

Tipp:

Verfeinern Sie den Rindfleischtopf noch mit 2-3 EL Crème fraîche, die Sie zum Schluss einrühren.

Hirschragout mit Quitten

4 Personen

750 g Hirschfleisch ohne Knochen (Schulter oder Keule)
200 g kleine Zwiebeln
Butter zum Braten
Salz
Pfeffer
1 kleines Stück Zimtrinde
3 Pimentkörner
1 Gewürznelke
1 Lorbeerblatt
1 Spirale Zitronenschale (von einer unbehandelten Zitrone)
600 ml Rotwein
50 g gehackte Haselnüsse
250 g Sahne
4 Quitten

1 Den Backofen auf 180 °C vorheizen. Das Hirschfleisch waschen, trockentupfen und in ca. 4 cm große Würfel schneiden. Die Zwiebeln schälen. Das Fett in einem Bräter erhitzen.

2 Die Zwiebeln im heißen Fett von allen Seiten bräunen und herausnehmen. Anschließend das Fleisch in dem Fett kräftig anbraten und mit Salz und Pfeffer würzen.

3 Die Zwiebeln, Gewürze, Zitronenschale, 3/8 l Rotwein und die gehackten Nüsse dazugeben. Nochmals erhitzen, den Bräter mit dem Deckel verschließen und das Ganze im heißen Backofen etwa 80 Minuten schmoren.

4 Anschließend den Bratenfond abgießen und durch ein Haarsieb geben. Den Fond zusammen mit der Sahne zur gewünschten Konsistenz einkochen, abschmecken und wieder zum Fleisch geben.

5 Die Quitten waschen, vierteln und das Kerngehäuse entfernen. Den restlichen Rotwein mit 1/4 l Wasser mischen und die Quitten darin weich kochen. Die abgetropften Quitten zum Ragout geben und alles nochmals erwärmen.

Lammkoteletts

4 Personen

2 Äpfel
1/4 l Kalbsfond
4 TL Essig
4 Lammkoteletts
Pfeffer
Galgant
Bertram
Quendel
Salz
Sonnenblumenöl zum Braten
2 EL kalte Butter

1 Die Äpfel waschen, schälen, vierteln, das Kerngehäuse entfernen und das Fruchtfleisch würfeln. Den Kalbsfond zusammen mit dem Essig und den Apfelwürfeln aufkochen und 5 Minuten ziehen lassen.

2 Die Lammkoteletts waschen, trockentupfen und von beiden Seiten mit den Gewürzen einreiben. Das Öl in einer Pfanne erhitzen und die Lammkoteletts darin von jeder Seite etwa 3 Minuten braten. Anschließend salzen.

3 Den Apfel-Kalbsfond im Mixer pürieren, nochmals erhitzen und die kalte Butter unterschlagen. Zusammen mit den Lammkoteletts servieren.

Putengeschnetzeltes mit Fenchel

4 Personen

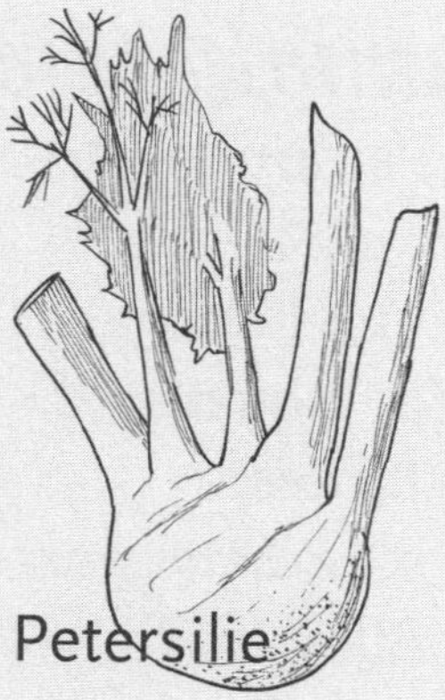

4 Putenschnitzel
2 Orangen
2 Fenchelknollen
2 EL Sonnenblumenöl
200 g Sahne
200 ml Gemüsebrühe

Salz
Pfeffer
1 Msp. Bertram
1 Msp. Galgant
2–3 EL gehackte Petersilie

1 Die Putenschnitzel waschen, trockentupfen und in dünne Streifen schneiden. Die Orangen schälen, filetieren und die Filets in kleine Stücke schneiden. Die Fenchelknollen waschen, putzen und in feine Streifen schneiden.

2 Das Öl in einer Pfanne erhitzen und das Fleisch darin portionsweise anbraten, warm stellen. Fenchelstreifen im Bratfett andünsten, die Orangenstücke dazugeben, kurz mitdünsten.

3 Mit der Gemüsebrühe und der Sahne aufgießen. Die Gewürze hinzugeben und das Ganze 5 bis 10 Minuten köcheln lassen. Das Fleisch in die Pfanne geben und das Ganze mit der Petersilie bestreuen.

Tipp:

Dazu passen Dinkelreis oder Dinkelspätzle.

Lammtopf mit Kichererbsen

4 Personen

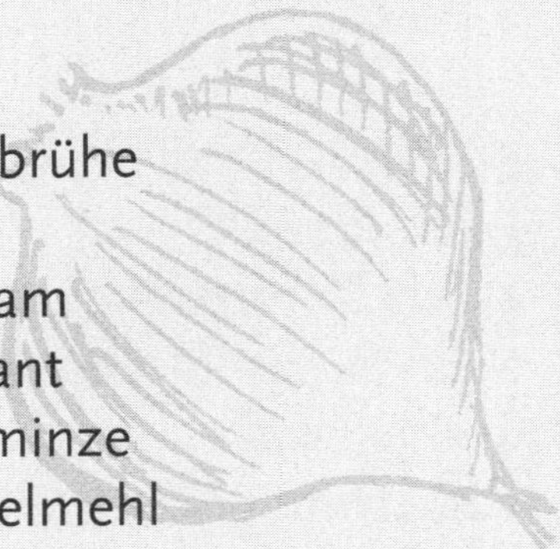

400 g Kichererbsen
800 g Lammfleisch (aus Brust oder Schulter)
2–3 EL Sonnenblumenöl
1–2 Zwiebeln
2 Knoblauchzehen
1/4 l Weißwein
1/4 l Fleischbrühe
Salz
1/2 TL Bertram
1/2 TL Galgant
etwas Poleiminze
1–2 EL Dinkelmehl
3–4 EL Sahne

1 Die Kichererbsen über Nacht einweichen.

2 Am nächsten Tag das Fleisch waschen, trockentupfen und in 2 cm große Würfel schneiden. Das Öl erhitzen und die Fleischwürfel darin anbraten.

3 Die Zwiebeln schälen und würfeln. Die Knoblauchzehen schälen und fein hacken. Beides zum Fleisch geben und andünsten.

4 Das Ganze mit dem Weißwein und der Fleischbrühe ablöschen. Die abgetropften Kichererbsen sowie die Gewürze dazugeben und das Ganze 1 bis 1 1/4 Stunde schmoren lassen.

5 Das Dinkelmehl in etwas kaltem Wasser anrühren und damit die Sauce binden. Die Sauce mit der Sahne verfeinern.

Fischauflauf

4 Personen

250 g Fischfilet
(z. B. Barsch, Felchen)
etwas Zitronensaft
Salz
weißer Pfeffer
1 Zucchini
2–3 Tomaten

150 g Crème fraîche
3–4 EL Sahne
1–2 EL Senf
Bertram
Galgant
Quendel
einige Zweige Thymian

1 Den Backofen auf 200 °C vorheizen. Das Fischfilet waschen, trockentupfen und mit Zitronensaft säuern. Anschließend salzen und pfeffern. In eine ausgefettete Gratinform legen.

2 Die Zucchini waschen, putzen und in dünne Scheiben schneiden. Die Tomaten waschen, putzen und ebenfalls in Scheiben schneiden. Beides abwechselnd auf den Fisch legen.

3 Für die Sauce die Crème fraîche mit der Sahne, Senf, Salz, Bertram, Galgant und Quendel verrühren. Den Thymian waschen und die Blättchen von den Stielen zupfen. In die Sauce einrühren.

4 Die Sauce über den Fisch und das Gemüse geben und das Ganze im heißen Backofen 20 bis 30 Minuten backen.

Tipp:

Wer möchte, kann etwa 10 Minuten vor Ende der Backzeit noch geriebenen bzw. zerkleinertem Käse (z. B. Mozzarella) darüber streuen.

Kabeljau mit Fenchel

4 Personen

4 Fenchelknollen
Salz
50 g Butter
4 Tomaten
1 Bund Schnittlauch
1/2 Bund Basilikum
600 g Kabeljaufilet
Galgant
Bertram
Quendel
150 ml Weißwein
150 ml Fischfond
4 EL Crème fraîche
weißer Pfeffer

1 Den Fenchel waschen, putzen und in Streifen schneiden. Diese in kochendem Salzwasser blanchieren und abtropfen lassen. Die Hälfte der Butter erhitzen und die Fenchelstreifen darin 2-3 Minuten braten und herausnehmen.

2 Die Tomaten waschen, putzen, entkernen und das Fruchtfleisch in Würfel schneiden. Den Schnittlauch waschen und in feine Röllchen schneiden. Das Basilikum waschen, trockentupfen und die Blätter in feine Streifen schneiden.

3 Die Fischfilets waschen, trockentupfen und in kleinere Stücke schneiden. Die restliche Butter erhitzen und die Fischfilets darin von beiden Seiten anbraten.

4 Die Fenchelstreifen, Tomatenwürfel, Gemüse und Kräuter zu dem Fisch geben und die Gewürze unterrühren. Den Weißwein und den Fischfond angießen und das Ganze etwa 10 Minuten leicht köcheln lassen. Zum Schluss die Crème fraîche unterrühren. Nochmals mit Salz und Pfeffer abschmecken.

Barsch mit Orangensauce

4 Personen

4 Rotbarschfilets
Zitronensaft
Salz
Pfeffer
1 Msp. Poleiminze

1–2 EL Butter
1 Orange
250 g Sahne
Bertram
Galgant

1 Das Fischfilet waschen, trockentupfen und mit dem Zitronensaft beträufeln. Filets mit Salz, Pfeffer und Poleiminze würzen. Die Butter erhitzen und die Filets von beiden Seiten jeweils 5 Minuten braten. Herausnehmen und warm stellen.

2 1 Orange auspressen und den Saft zusammen mit der Sahne in die Pfanne geben Das Ganze aufkochen und etwas reduzieren lassen. Mit Salz, Pfeffer, Bertram und Galgant würzen.

3 Die Sauce zu dem Fisch servieren.

Tipp:

Möchten Sie die Sauce noch etwas fruchtiger haben, filetieren Sie noch 1-2 Orangen, schneiden Sie die Filets in kleine Stücke und geben Sie diese in die Sauce. Sie können die Sauce auch mit etwas in kaltem Wasser angerührtem Dinkelmehl andicken.

Hildegard-Tipp:

Der Barsch wird nach Hildegards Ansicht von gesunden wie kranken Menschen gut vertragen: „Der Barsch entstammt mehr der warmen als der kalten Luft. Er hält sich gerne in der Reinheit und in der Mitte der Gewässer auf. Sein Fleisch kann gesunden und kranken Menschen empfohlen werden.“ (Physica)

Forelle in der Folie

4 Personen

2 Knoblauchzehen
1 unbehandelte Zitrone
4 küchenfertige Forellen
Salz
Galgant
Bertram
4 Zweige Quendelkraut
4 Zweige Ysop
4 Zweige Petersilie
Butter zum Einfetten

1 Den Knoblauch schälen und in feine Scheiben schneiden. Die Zitrone waschen, trockenreiben und in Scheiben schneiden.

2 Die Forellen waschen, trockentupfen und innen und außen mit Salz, Galgant und Bertram würzen. Die Forellen mit jeweils einem Zweig Quendelkraut, Ysop und Petersilie sowie 1 Zitronenscheibe und 2-3 Knoblauchscheiben füllen.

3 Die Forellen einzeln in mit Butter bestrichene Alufolie verpacken und im auf 200°C vorgeheizten Backofen etwa 20 Minuten garen.

Tipp:

Zur Grillsaison können Sie die Forellen natürlich so auch auf dem Grill zubereiten.

Hildegard-Tipp:

Bei Forellen rät Hildegard kranken Menschen vom Verzehr ab, während gesunde Menschen sie unbeschadet essen können: „Die Forelle entstammt mehr der warmen als der kalten Luft. Für kranke Menschen ist sie nicht geeignet, gesunden dagegen bringt sie keinen Schaden.“ (Physica)

Süße Gerichte

Dinkelmehlschmarren

4 Personen

2 EL Rosinen
3 Eier
175 ml Milch
Salz
etwas Zimt
etwas Honig
150 g fein gemahlenes Dinkelmehl
4 EL Mandelblättchen
1 EL Butter

1 Die Rosinen 1 Stunde in Wasser einweichen.

2 Die Eier mit der Milch, Salz, Zimt und Honig verrühren. Das Mehl einrühren und das Ganze etwa 30 Minuten ruhen lassen.

3 Inzwischen die Mandelblättchen in einer beschichteten Pfanne ohne Fett anrösten.

4 Die Butter in einer Pfanne erhitzen, den Teig hineingeben und die abgetropften Rosinen darauf verteilen. Bei milder Hitze 5–7 Minuten backen, anschließend vierteln, wenden und weitere 5–7 Minuten backen lassen. Mit Hilfe zweier Gabeln den Schmarren in Stücke zerreißen und nochmals 1 Minute backen.

Tipp:

Dazu passt ein Apfelkompott oder ein Obstpüree der Saison.

Mandelauflauf mit Äpfeln

4 Personen

5 Äpfel
5–6 EL Rosinen
4 Eier
100 g Rohrzucker
100 g gemahlene Mandeln
60 g Dinkelschrot
1 Prise Salz
1 Msp. Bourbon-Vanille
etwas Zimt
Butter für die Form

1. Die Äpfel schälen, aushöhlen und mit den Rosinen füllen.

2. Die Eier trennen. Die Eigelbe zusammen mit dem Rohrzucker und 4 EL heißem Wasser schaumig rühren. Die Mandeln, das Dinkelschrot, Salz, Vanille und Zimt unterheben.

3. Die Eiweiße steif schlagen und unter die Eiermasse heben. Eine Gratinform einfetten und den Teig einfüllen. Die Äpfel hineinsetzen und das Ganze im auf 200 °C vorgeheizten Backofen etwa 40 Minuten backen.

Tipp:

Dazu passt eine selbstgemachte Vanillesauce.

Johannisbeer-Küchlein

4 Personen

350 g rote Johannisbeeren
3 Eier
1 Prise Salz
30 g Vollrohrzucker
200 ml Milch
125 g Dinkelvollkornmehl
50 g gehackte Haselnüsse
1 EL Weinbrand
Butter zum Backen

1 Die Johannisbeeren waschen, trockentupfen und die Beeren von den Rispen zupfen.

2 Die Eier trennen. Die Eigelbe, Salz und den Vollrohrzucker miteinander verrühren. Die Milch einrühren. Das Mehl darüber sieben und unterrühren. Anschließend Haselnüsse und Weinbrand zugeben.

3 Die Eiweiße steif schlagen und unter die Eiermasse ziehen. Die Johannisbeeren vorsichtig unterheben.

4 Die Butter in einer Pfanne erhitzen und aus dem Teig portionsweise kleine Johannisbeer-Küchlein backen.

Tipp:

Hierzu passt eine selbstgemachte Bourbon-Vanillesauce.

Omelett mit Dinkelgrieß

4 Personen

160 g Dinkelgrieß
700 ml Milch
5 Eier
2–3 EL Vollrohrzucker
1 Prise Salz
100 g Dinkelmehl
Butter zum Backen

1 Den Dinkelgrieß mit der Milch verrühren und das Ganze etwa 1 Stunde quellen lassen.

2 Anschließend die Eier trennen. Nacheinander Eigelbe, Vollrohrzucker, Salz und Dinkelmehl unter den gequollenen Dinkelgrieß rühren.

3 Die Eiweiße steif schlagen und unterheben.

4 Die Butter in einer Pfanne erhitzen und aus dem Teig ein goldgelbes Omelett backen.

Tipps:

Das Omelett schmeckt besonders gut, wenn Sie es mit einer Konfitüre bestreichen oder mit Zimt-Zucker bestreuen.
Für ein Apfel-Omelett schälen Sie 2 Äpfel und geben diese in kleine Stücke geschnitten unter den Teig.
Eine herzhafte Variante erhalten Sie, wenn Sie den Zucker weglassen und dafür geriebenen Käse oder kleine Schinkenwürfelchen unter den Teig mischen.

Dinkelquarkauflauf mit Dörrobst

4 Personen

400 ml Milch
200 g Dinkelmehl
200 g Dörrfrüchte
(Äpfel, Aprikosen, Birnen usw.)
3 Eier
etwas Salz

200 g Sahnequark
geriebene Schale 1 unbehandelten Zitrone
2–3 EL Zucker
etwas Butter

1 Die Milch aufkochen lassen, vom Herd nehmen und das Dinkelmehl einrühren. Das Ganze etwa 4 Stunden quellen lassen. Die Dörrfrüchte in lauwarmem Wasser auch etwa 4 Stunden quellen lassen.

2 Den Backofen auf 190 °C vorheizen. Die Eier trennen und die Eigelbe zusammen mit dem Salz, Sahnequark, Zitronenschale und Zucker unter die Dinkelmilch rühren.

3 Die Eiweiße steif schlagen und vorsichtig unterheben. Die Hälfte des Teiges in eine gefettete Auflaufform geben. Die abgetropften Dörrfrüchte in Stücke schneiden und darauf verteilen.

4 Die restliche Dinkelmasse auf die Früchte geben und einige Butterflöckchen darauf setzen. Das Ganze im heißen Backofen etwa 30 Minuten backen.

Dinkelgrießauflauf mit Baiserhaube

4 Personen

3/4 l Milch
1/2 Vanillestange
8 EL Vollrohrzucker
1 Prise Salz
120 g Dinkelgrieß
3 Eier

1/2 TL Zimt
Schale von 1 unbehandelten Zitrone
500 g Äpfel
1 EL Butter
1 EL Süßmost

1 Die Milch zusammen mit der Vanillestange zum Kochen bringen. 3 EL Vollrohrzucker, Salz sowie den Dinkelgrieß einrühren und zu einem dicken Brei kochen.

2 Den Backofen auf 175 °C vorheizen. Die Eier trennen. Die Eigelbe zusammen mit dem Zimt und der Zitronenschale unter den Grieß rühren.

3 Die Äpfel schälen, vierteln, entkernen und in dünne Scheiben schneiden. Die Apfelscheiben zusammen mit 1 EL Vollrohrzucker und dem Süßmost in der heißen Butter etwas andünsten.

4 Abwechselnd Grießbrei und Äpfel in eine gefettete Auflaufform schichten. Die letzte Schicht sollte Grießbrei sein.

5 Die Eiweiße zusammen mit dem restlichen Vollrohrzucker steif schlagen und auf dem Grießbrei verteilen. Das Ganze im heißen Backofen etwa 30 Minuten backen.

Dinkelgrießbrei

4 Personen

1 l Milch
3 EL Vollrohrzucker
20 g Butter
1 Prise Salz
100 g Dinkelgrieß
1/2 TL Zimt

1 Die Milch zusammen mit 2 EL Vollrohrzucker, Butter und Salz aufkochen. Den Dinkelgrieß einrühren und das Ganze bei milder Hitze zu einem dickflüssigen Brei kochen.

2 Den restlichen Vollrohrzucker mit dem Zimt mischen. Den Grießbrei auf Tellern verteilen und mit dem Zimt-Zucker bestreuen.

Dinkelreisbrei

4 Personen

30 g Vollrohrzucker
2 Prisen Salz
1 TL Bourbon-Vanille
1 EL Butter
250 g Kernotto

1 Zuerst 1/2 l Wasser mit dem Vollrohrzucker, Salz, Vanille und Butter zum Kochen bringen. Das Kernotto einrühren und bei milder Hitze unter gelegentlichem Rühren etwa 50 Minuten weich kochen.

Tipp:

Dazu passt eine Himbeersauce aus 500 g Himbeeren, 50 g Vollrohrzucker, dem Saft einer Orange sowie 2 EL Grand Marnier. Die Himbeeren zusammen mit dem Zucker in einem Mixer pürieren und mit den restlichen Zutaten verrühren.

Dinkelzwieback-Auflauf mit Apfelmus

4 Personen

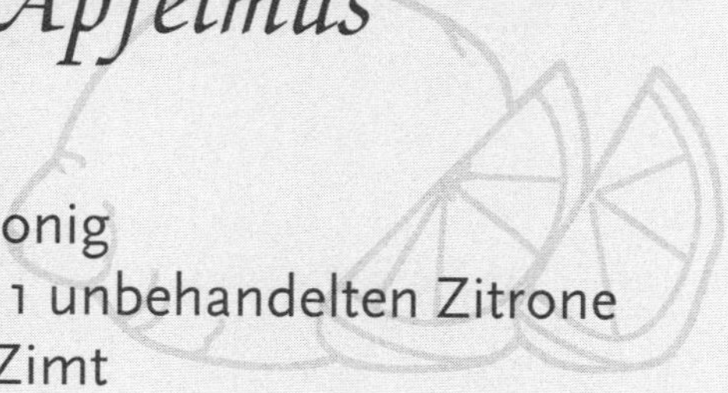

160 g Dinkelzwieback
400 g Apfelmus
2 EL Rosinen
2 Eier
1/2 l Milch
2 EL Honig
Schale 1 unbehandelten Zitrone
etwas Zimt
2 EL Butter

1 Den Backofen auf 200 °C vorheizen. Den Dinkelzwieback und das Apfelmus abwechselnd in eine gefettete Gratinform schichten. Die unterste sowie die oberste Schicht sollte Zwieback sein. Jeweils einige Rosinen auf die Apfelmusschicht streuen.

2 Die Eier zusammen mit der Milch, Honig, Zitronenschale und Zimt verrühren. Die Eiermasse über den Auflauf gießen. Die Butter in Flöckchen obendrauf setzen.

3 Das Ganze im heißen Backofen etwa 30 Minuten backen.

Tipp:

Kranke Menschen sollten Äpfel nicht roh, sondern immer gedünstet verzehren.

Hildegard-Tipp:

Sollte der Zwieback oben während des Backens zu dunkel werden, decken Sie den Auflauf einfach mit einer Alufolie ab.

Dinkel-Dampfnudeln

4 Personen

500 g Dinkelvollkornmehl
20 g Hefe
1/2 l lauwarme Milch
2 Eier
130 g Vollrohrzucker

1 TL Bourbon-Vanille
1 Prise Salz
Schale von 1 unbehandelten Zitrone
150 g Butter

1 Das Mehl in eine Schüssel geben und eine Mulde hineindrücken. Die Hefe in 1/4 l lauwarmer Milch auflösen und in die Mulde geben. Etwas Mehl einrühren und den Vorteig 15 Minuten zugedeckt an einem warmen Ort gehen lassen.

2 Die Eier zusammen mit 90 g Vollrohrzucker, Vanille und Salz schaumig rühren und zu dem Teig geben. Die Zitronenschale und 90 g geschmolzene Butter hinzugeben und alles zu einem glatten Teig verkneten. Diesen zugedeckt an einem warmen Ort etwa 30 Minuten gehen lassen.

3 Den Backofen auf 190 °C vorheizen. Der restliche 1/4 l Milch mit den restlichen 60 g Butter und den restlichen 40 g Vollrohrzucker verrühren und in eine gefettete Gratinform geben. Im Backofen etwas erwärmen.

4 Den Teig zu Kugeln formen und in die Form setzen. Noch mal etwas gehen lassen und anschließend im heißen Backofen 30 bis 35 Minuten backen.

Tipp:

Servieren Sie die Dampfnudeln mit einer Vanillesauce oder mit einem Früchtekompott der Saison.

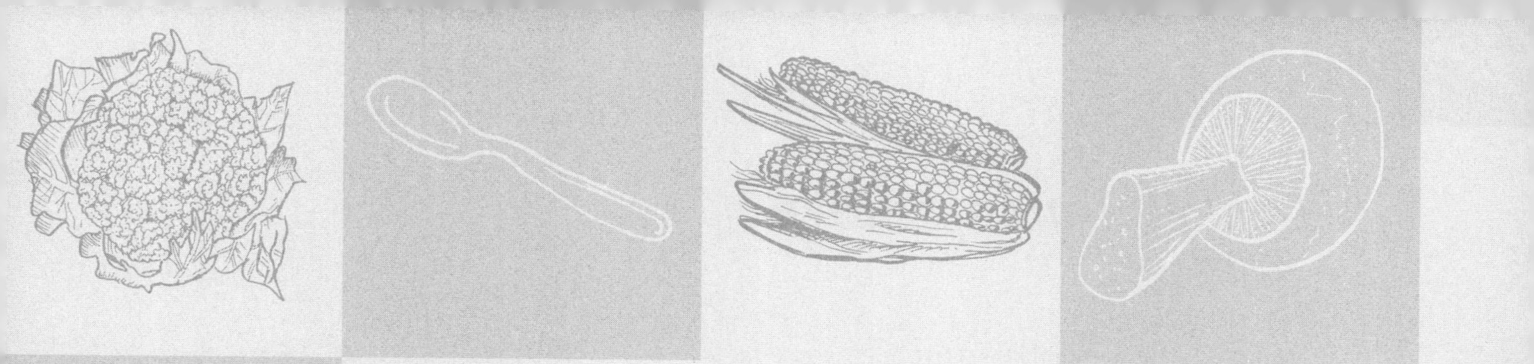

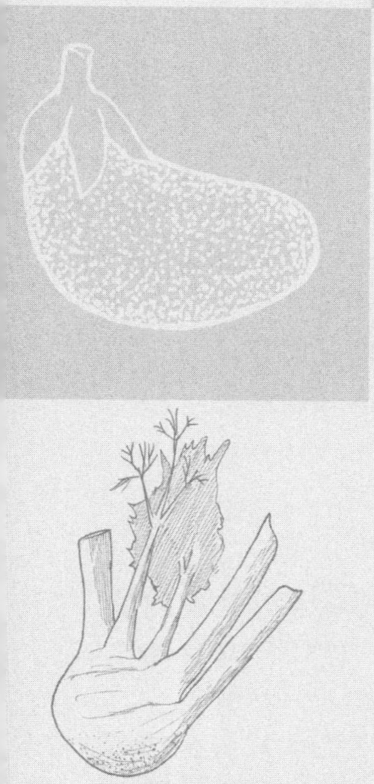

Brote und Aufstriche

Dinkelbrot aus Hefeteig

1 Brot

1 kg Dinkelmehl
20 g Kräutersalz

1 Würfel Hefe
Fett für die Form

1 Das Dinkelmehl mit dem Kräutersalz verrühren, in eine Schüssel geben.

2 Die Hefe in etwas lauwarmem Wasser auflösen und das Ganze etwa 15 Minuten gehen lassen. Anschließend den Vorteig zum Mehl geben und mit dem Mehl verkneten, dabei nach und nach 3/4 l Wasser dazugeben.

3 Den Teig zugedeckt mindestens 1 Stunde an einem warmen Ort gehen lassen.

4 Den Backofen auf 220 °C vorheizen. Den Teig in eine gefettete Brotkastenform geben und nachmals einige Minuten lang gehen lassen.

5 Die Oberfläche des Teigs mit einem scharfen Messer leicht einritzen und mit etwas Milch oder Wasser bestreichen. Im heißen Backofen etwa 50 Minuten backen.

Tipp:

Streuen Sie vor dem Backen Sonnenblumenkerne oder Sesamsamen auf den Teig.

Sauerteigbrot aus 3 Getreiden

1 Brot

175 g Dinkelmehl
175 g Weizenmehl
500 g Roggenmehl

2 EL Salz
500 g Sauerteig (fertig gekauft)
Mehl für das Blech

1 Die drei Mehle sorgfältig mit dem Salz mischen. Den Sauerteig sowie 1/4 l lauwarmes Wasser dazugeben. Alles zu einem festen, gut formbaren Teig kneten. Falls nötig, noch etwas Wasser dazugeben.

2 Den Teig zu einer glatten Kugel formen und zugedeckt 3 bis 4 Stunden bei Zimmertemperatur gehen lassen. Im Unterschied zu einem Hefeteig hebt sich der Teig nur schwach.

3 Anschließend den Teig noch mal leicht durchkneten und zu einem Laib formen. Diesen nochmals 1 Stunde gehen lassen.

4 Den Backofen auf 200 °C vorheizen. Ein Backblech mit Mehl bestreuen, den Laib darauf legen und im heißen Backofen 60 bis 90 Minuten backen. Das Brot ist gut durchgebacken, wenn es beim Daraufklopfen hohl klingt.

Tipp:

Hildegard lobt den Roggen wegen seiner gesundheitlichen Vorteile, rät aber vernünftigerweise Kranken und Menschen mit einem schwachen Magen davon ab, weil er für sie zu schwer verdaulich ist.

Hildegard-Tipp:

Mischen Sie bei Zugabe des Sauerteigs 2 EL einer Brotgewürzmischung bestehend aus Kümmel, Koriander, Anis oder Fenchel unter den Brotteig. Falls Sie die Gewürze selber mischen, zerkleinern Sie diese vorher im Mörser.

Dinkelvollkornbrot mit Joghurt

2 Brote

1 kg Dinkelvollkornmehl
30 g Hefe
180 g Joghurt
15 g Salz
Fett für die Form

1 Das Dinkelvollkornmehl in eine Schüssel geben und in der Mitte eine Mulde hineindrücken. Die Hefe in 200 ml lauwarmem Wasser auflösen, in die Mulde geben und mit etwas Mehl verrühren. Den Vorteig so etwa 15 Minuten gehen lassen.

2 Den Joghurt, Salz sowie 300 ml lauwarmes Wasser hinzugeben und alles zu einem glatten Teig kneten. Diesen 10 bis 15 Minuten gut durchkneten. Anschließend an einem warmen Ort 1 1/2 bis 2 Stunden gehen lassen.

3 Aus dem Teig 2 Laibe formen und diese in 2 gefettete Kastenformen geben. Nochmals 15 Minuten gehen lassen.

4 Den Backofen auf 250 °C vorheizen und die Brote im heißen Backofen 5 Minuten backen. Anschließend auf 200 °C reduzieren und etwa 40 Minuten backen.

Kräuterbrot

1 Brot

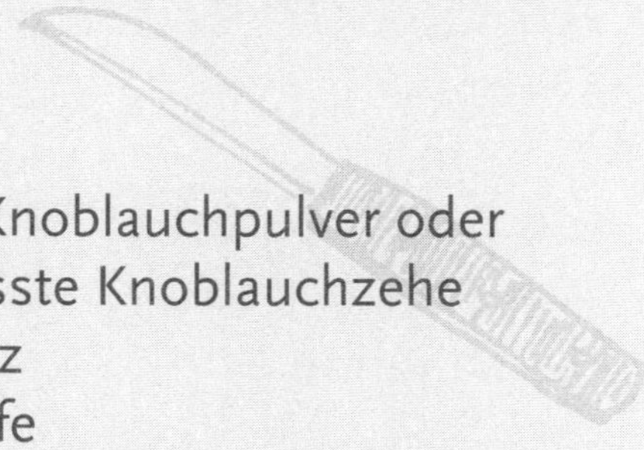

400 g Dinkelvollkornmehl
100 g Dinkelweißmehl
etwas Basilikum
etwas Majoran
2 Bund Petersilie
1 Bund Schnittlauch

1/2 TL Knoblauchpulver oder
1 gepresste Knoblauchzehe
10 g Salz
25 g Hefe
200 ml lauwarme Milch
2 EL Sonnenblumenöl

1 Die Mehle in einer Schüssel mischen. Die Kräuter waschen, trockentupfen, evtl. Stiele entfernen und hacken. Den Schnittlauch in feine Röllchen schneiden.

2 Die Kräuter, Knoblauchpulver bzw. Knoblauchzehe und Salz zum Mehl geben, mischen und in der Mitte eine Mulde hineindrücken.

3 Die Hefe in 100 ml lauwarmem Wasser auflösen und in die Mulde geben. Mit etwas Mehl verrühren und den Vorteig etwa 15 Minuten gehen lassen.

4 Anschließend 100 ml lauwarmes Wasser, die lauwarme Milch sowie das Sonnenblumenöl hinzugeben und das Ganze zu einem glatten Teig kneten. Diesen zugedeckt an einem warmen Ort gehen lassen, bis er sein Volumen verdoppelt hat.

5 Den Teig nochmals kurz durchkneten, zu einem runden Laib formen und mit einer Gabel mehrmals einstechen. Mit Mehl bestäuben.

6 Den Teig nochmals 15 Minuten gehen lassen. Den Backofen auf 200 °C vorheizen und das Brot im heißen Backofen etwa 45 Minuten backen.

Flockenbrot

1 Brot

400 g Dinkelflocken
600 g Dinkelmehl
15 g Salz
1 Würfel Hefe

200 ml lauwarme Milch
2 EL Zitronensaft
1 EL Öl
Fett für die Form

1 Die Dinkelflocken mit dem Dinkelmehl und dem Salz mischen und eine Mulde in die Mitte drücken.

2 Die Hefe in der lauwarmen Milch auflösen, in die Mulde geben und mit etwas Mehl verrühren. Den Vorteig etwa 10 Minuten ruhen lassen.

3 Anschließend das Ganze zu einem glatten Teig verkneten und zugedeckt an einem warmen Ort etwa 20 Minuten gehen lassen.

4 Danach 1/2 l lauwarmes Wasser, den Zitronensaft sowie das Öl hinzugeben und alles 5 bis 10 Minuten kräftig durchkneten. Den Teig mit etwas warmem Wasser bestreichen. Zugedeckt an einem warmen Ort etwa 30 Minuten gehen lassen, bis sich das Volumen des Teigs verdoppelt hat.

5 Den Teig nochmals durchkneten und zu einem länglichen Laib formen und in eine gefettete Kastenform geben. Die Oberfläche mit einem scharfen Messer leicht einritzen. Nochmals etwa 15 Minuten gehen lassen.

6 Den Backofen auf 200 °C vorheizen und das Brot im heißen Backofen etwa 45 Minuten backen.

Dinkel-Möhren-Brot

1 Brot

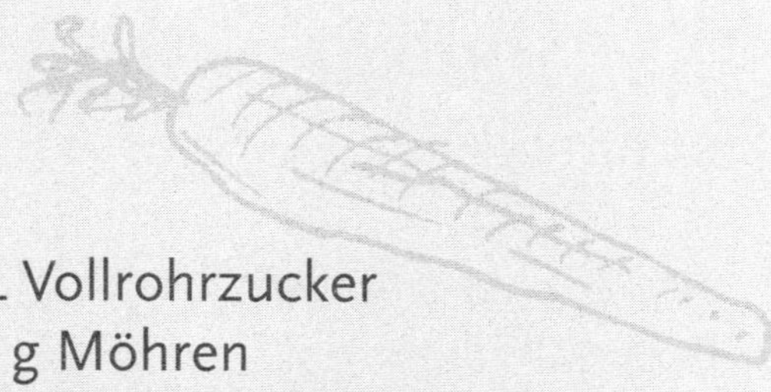

250 g Dinkelweißmehl
250 g Dinkelvollkornmehl
12 g Salz
25 g Butter
1/4 l Milch
30 g Hefe

1 TL Vollrohrzucker
250 g Möhren
2 EL gehackte Petersilie
1 EL gehacktes Basilikum
Fett für die Form

1 Die Mehle sowie das Salz mischen und eine Vertiefung in die Mitte drücken. Die Butter schmelzen und mit Milch mischen. Die Mischung sollte eine Temperatur von etwa 37 °C haben. Die Hefe und den Vollrohrzucker darin auflösen und das Ganze in die Vertiefung im Mehl geben. Mit etwas Mehl verrühren und den Vorteig etwa 10 Minuten gehen lassen.

2 Die Möhren schälen, putzen und fein raspeln. Das restliche Mehl unter den Vorteig kneten und das Ganze zu einem glatten Teig verarbeiten.

3 Die Möhrenraspeln sowie die Kräuter unter den Teig kneten. Diesen zugedeckt an einem warmen Ort auf doppelte Größe aufgehen lassen.

4 Teig nochmals durchkneten, zu einem länglichen Laib formen und in eine gefettete Kastenform geben. Nochmals etwa 15 Minuten gehen lassen.

5 Den Backofen auf 200 °C vorheizen und das Brot im heißen Backofen 45 bis 50 Minuten backen.

Dinkel-Toastbrot

1 Brot

500 g Dinkelweißmehl
10 g Salz
30 g Butter
15 g Hefe
1 TL Vollrohrzucker
300 ml lauwarme Milch
Fett für die Form

1 Das Mehl und das Salz mischen, in eine Schüssel geben und in die Mitte eine Vertiefung drücken.

2 Die Butter schmelzen und mit der Milch verrühren. Die Hefe sowie den Vollrohrzucker einrühren, bis sich die Hefe aufgelöst hat. Die Hefemilch in die Vertiefung geben, mit etwas Mehl verrühren und den Vorteig etwa 10 Minuten gehen lassen.

3 Anschließend das restliche Mehl unterkneten, bis ein glatter Teig entsteht. Diesen zugedeckt an einem warmen Ort auf doppelte Größe aufgehen lassen.

4 Teig nochmals kurz durchkneten, einen länglichen Laib formen und in eine gefettete Kastenform geben. Nochmals 15 Minuten gehen lassen.

5 Den Backofen auf 200 °C vorheizen und das Brot im heißen Backofen 35 bis 40 Minuten backen.

Tipp:

Aus dem Teig können Sie auch kleine Brötchen backen. Bestreichen Sie diese vor dem Backen mit etwas Eigelb. Die Backzeit verringert sich dann auf 15 bis 20 Minuten.

Früchtebrot nach Hildegard

1 Brot

100 g weich gekochte Dinkelkörner
100 g gehackte Mandeln
100 g gehackte Datteln
50 g Sultaninen
50 g Sonnenblumenkerne
1 EL Zitronensaft
1,8 kg Dinkelweißmehl
200 g Dinkelvollwertmüsli
1 TL gewalzte Fenchelsamen
2 Prisen Bertram
1 Prise Galgant
1 Prise Kubebenpulver
2 TL Salz
50 g Hefe
Fett für die Form

1 Dinkelkörner, Mandeln, Datteln, Sultaninen, Sonnenblumenkerne und Zitronensaft in einer Schüssel mischen.

2 Das Mehl mit dem Müsli sowie den Gewürzen mischen und in die Mitte eine Vertiefung drücken. Die Hefe in 200 ml lauwarmem Wasser auflösen und in die Vertiefung geben. Mit etwas Mehl verrühren und den Vorteig etwa 10 Minuten gehen lassen.

3 Anschließend 1 l lauwarmes Wasser hinzugeben und das restliche Mehl unterarbeiten. Den Teig etwa 10 Minuten kräftig kneten.

4 Die Dinkel-Mandel-Mischung unterkneten und den Teig zugedeckt an einem warmen Ort auf die doppelte Größe aufgehen lassen.

5 Nochmals durchkneten, zu einem länglichen Laib formen und diesen auf ein gefettetes Backblech setzen. Nochmals etwa 15 Minuten gehen lassen.

6 Den Backofen auf 220 °C vorheizen und das Früchtebrot im heißen Backofen 35 bis 40 Minuten backen.

Tipp:

Kubeben erinnern im Geschmack an Nelkenpfeffer. Nach Hildegard kommen Kubebenfrüchte bei Überreizbarkeit zum Einsatz.

Dinkelbrötchen

ca. 20 Brötchen

600 g Dinkelmehl
2 TL Kräutersalz
20 g Hefe
400 ml lauwarme Milch
1 TL Honig
2 EL Öl
200 g Sonnenblumenkerne

1 Das Mehl mit dem Kräutersalz verrühren, in eine Schüssel geben und in die Mitte eine Vertiefung drücken. Hefe, 200 ml lauwarme Milch und Honig verrühren und alles in die Vertiefung geben. Mit etwas Mehl verrühren und den Vorteig etwa 15 Minuten ruhen lassen.

2 Danach 200 ml lauwarme Milch und das Öl dazugeben und nach und nach das restliche Mehl unterarbeiten. Alles zu einem glatten Teig kneten und zugedeckt etwa 40 Minuten an einem warmen Ort gehen lassen.

3 Nochmals durchkneten, dabei 100 g Sonnenblumenkerne unter den Teig kneten. Aus dem Teig Brötchen formen und auf ein gefettetes Backblech setzen.

4 Die Oberfläche der Brötchen mit Milch bepinseln und mit den restlichen Sonnenblumenkernen bestreuen. Die Kerne mit der Hand etwas andrücken. Die Brötchen nochmals 10 Minuten gehen lassen.

5 Den Backofen auf 220 °C vorheizen und die Brötchen im heißen Backofen etwa 30 Minuten backen.

Dinkel-Rosinen-Brötchen

ca. 25 Brötchen

200 g Rosinen
250 g Dinkelvollkornmehl
250 g Dinkelweißmehl
1/4 TL Salz
20 g Hefe
100 g weiche Butter
250 g Quark

1 1/2 EL Honig
2 Eier
1 Msp. gemahlene Nelken
1/2 TL Zimt
1/3 TL Muskatnuss
1 Eigelb
Fett für die Form

1 Die Rosinen über Nacht in Wasser einweichen.

2 Am nächsten Tag die Mehle und das Salz miteinander mischen, in eine Schüssel geben und in die Mitte eine Vertiefung drücken. Die Hefe mit 100 ml lauwarmem Wasser anrühren und in die Vertiefung geben.
Mit etwas Mehl verrühren und den Vorteig 10 Minuten ruhen lassen.

3 Butter, Quark, 1 EL Honig, die Eier sowie die Gewürze hinzugeben und alles zu einem glatten Teig verkneten. Die abgetropften Rosinen dazugeben und den Teig etwa 10 Minuten kneten. Den Teig etwa 30 Minuten an einem warmen Ort ruhen lassen.

4 Aus dem Teig kleine Brötchen formen und auf ein gefettetes Backblech geben und zugedeckt etwa 1 Stunde gehen lassen.

5 Anschließend den Backofen auf 180 °C vorheizen. Das Eigelb mit 1 TL Wasser und dem restlichen Honig verrühren und die Brötchen damit bestreichen. Die Brötchen im heißen Backofen 15 bis 20 Minuten backen.

Hildegard-Tipp:

Zur Muskatnuss schrieb Hildegard:
„Die Muskatnuss enthält viel Wärme. Ihre Kräfte sind gut gemischt. Sie öffnet das Herz des Menschen, reinigt seinen Sinn und gibt ihm einen klaren Verstand.“ (Physica)

Dinkelsprossen-Quark-Aufstrich

4 Personen

200 g Quark
etwas Milch
1 Tomate
1 kleine Gewürzgurke
1 kleine Zwiebel

5 EL Dinkelsprossen
2 EL Öl
Salz
Pfeffer
etwas Zitronensaft

1 Den Quark mit etwas Milch und dem Öl glatt rühren. Die Tomate waschen, vierteln, Stielansatz entfernen und das Fruchtfleisch klein schneiden. Die Gewürzgurke ebenfalls klein schneiden.

2 Die Zwiebel schälen und in feine Würfel schneiden. Die Tomaten-, Gurken und Zwiebelstücke zusammen mit den Dinkelsprossen und dem Öl unter den Quark rühren. Den Quark mit Salz und Pfeffer würzen und mit etwas Zitronensaft abschmecken.

Kichererbsenaufstrich

4 Personen

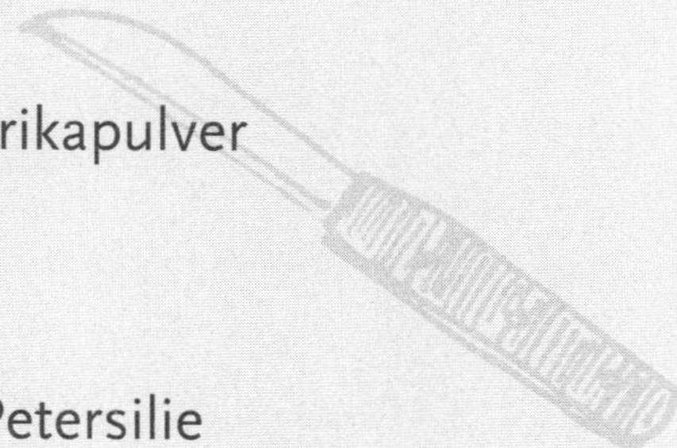

250 g Kichererbsen
2 Knoblauchzehen
2–3 EL Sonnenblumenöl
150 g saure Sahne
1 Prise Kreuzkümmel
1 TL Paprikapulver
Galgant
Pfeffer
Salz
1 Bund Petersilie

1 Die Kichererbsen über Nacht einweichen.

2 Am nächsten Tag die Kichererbsen abschütten und in Wasser etwa 1 Stunde weich kochen.

3 Die Knoblauchzehen schälen. Zusammen mit den Kichererbsen, dem Öl und der sauren Sahne in einem Mixer pürieren. Das Mus mit Kreuzkümmel, Paprikapulver, Galgant, Pfeffer und Salz würzen.

4 Die Petersilie waschen, trockentupfen, von den Stielen befreien und hacken. Die Petersilie unter das Mus rühren.

Hildegard-Tipp:

Die Kichererbse wird von Hildegard voll und ganz empfohlen: „Die Kichererbse ist warm und angenehm, und sie ist leicht zu essen. Sie wird niemals die üblen Säfte dessen vermehren, der sie isst. Wenn jemand Fieber hat, sollte er geröstete Kichererbsen essen, die bald zu einer Heilung führen.“ (Physica)

Kräuteraufstrich

4 Personen

250 g Quark
125 g saure Sahne
2 EL gehackte Petersilie
1 EL gehackter Schnittlauch
1 EL gehackter Dill
1 EL gehackter Kerbel
Galgant
Bertram
Pfeffer
Salz

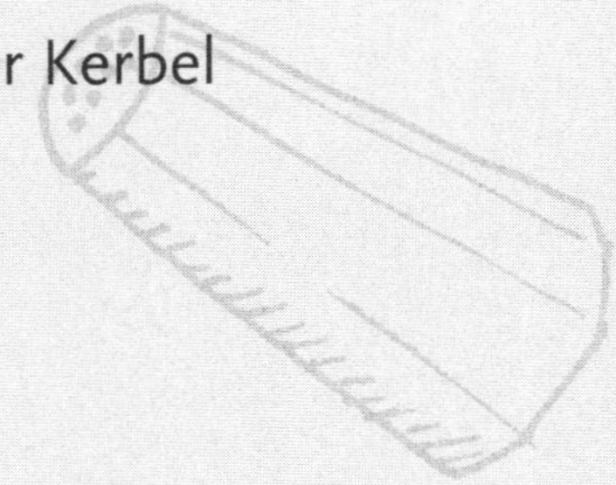

1 Den Quark mit der sauren Sahne verrühren und die gehackten Kräuter unterrühren.

2 Den Kräuterquark mit Galgant, Bertram, Pfeffer und Salz würzen.

Tipp:

Der Kräuterquark passt sehr gut zu einem frisch gebackenen Dinkelbrot.

Desserts

Obstsalat mit Dinkelkörnern

4 Personen

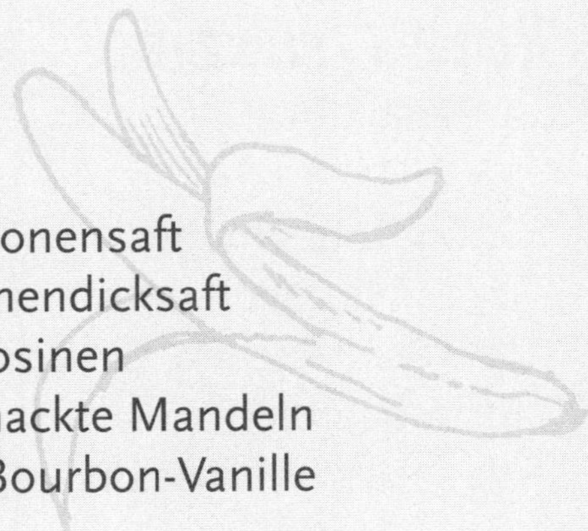

100 g Dinkelkörner
1/4 TL Salz
2 Äpfel
2 Orangen
1 Banane
Schale von 1 unbehandelten Zitrone
1 EL Zitronensaft
2 EL Birnendicksaft
100 g Rosinen
50 g gehackte Mandeln
1 Msp. Bourbon-Vanille

1 Die Dinkelkörner über Nacht in 1/2 l Wasser einweichen.

2 Am nächsten Tag das Salz zu den Dinkelkörnern geben und aufkochen und 15 bis 20 Minuten kochen lassen, anschließend 10 Minuten quellen lassen.

3 Die Äpfel schälen, vierteln, das Kerngehäuse entfernen und den Apfel in Scheiben schneiden. Die Orange schälen und in kleine Stücke schneiden. Die Banane schälen und in Scheiben schneiden.

4 Das Obst mit den Dinkelkörnern mischen. Zitronenschale, Zitronensaft, Birnendicksaft, Rosinen, Mandeln und Vanille dazugeben und vermengen. Den Obstsalat mindestens 1 Stunde durchziehen lassen.

Rote Grütze

4 Personen

600 g rote Früchte
(z. B. Himbeeren, rote Johannisbeeren, Kirschen, Sauerkirschen, Brombeeren)
1/2 l roter Fruchtsaft
(z. B. Kirschsaft)
etwas Zitronensaft
3–4 EL Vollrohrzucker
3–4 EL Dinkelmehl

1 Die Früchte waschen, trockentupfen und putzen bzw. verlesen. 1/3 der Früchte zusammen mit dem Fruchtsaft, Zitronensaft und dem Vollrohrzucker aufkochen und etwa 5 Minuten leicht köcheln lassen.

2 Das Dinkelmehl mit etwas kaltem Wasser anrühren und zu dem Fruchtsaft geben. Das Ganze noch mal aufkochen lassen.

3 Die restlichen Früchte dazugeben und das Ganze etwas durchziehen lassen.

Tipp:

Dazu passt eine selbstgemachte Vanillesauce oder geschlagene Sahne.

Ausgebackene Holunderblüten

4 Personen

10–15 Holunderblüten-Dolden
3 Eier
1 EL Honig
2 Msp. Bourbon-Vanille
100 g fein gemahlenes Dinkelmehl
1 EL gemahlene Mandeln
Öl zum Ausbacken

1 Die Holunderblüten gut schütteln – aber nicht waschen – damit Verunreinigungen und kleine Insekten entfernt werden. Anschließend auf einem Küchenpapier abtropfen.

2 Die Eier zusammen mit dem Honig und der Vanille verrühren. Das Mehl sowie die gemahlenen Mandeln nach und nach unterrühren und so das Ganze zu einem dickflüssigen Teig verarbeiten. Dann 3 bis 5 EL Wasser unterrühren. Den Teig etwa 30 Minuten ruhen lassen.

3 Das Öl in einer tiefen Pfanne oder einem Topf erhitzen. Es hat die richtige Temperatur, wenn an einem hineingehaltenen Holzlöffel Bläschen hochsteigen.

4 Die Holunderblüten am Stiel fassen und in den Teig tauchen. Portionsweise im heißen Fett hellbraun ausbacken.

Vanillecreme

4 Personen

1 l Milch
2 EL Dinkelweißmehl
3 Eier
80 g Vollrohrzucker
1 EL Bourbon-Vanille

1 Zuerst 200 ml Milch mit dem Dinkelmehl verrühren. Die Eier nach und nach unterrühren.

2 Die restliche Milch zusammen mit dem Vollrohrzucker und der Vanille zum Kochen bringen. Unter Rühren die Eiermilch in die siedende Milch einlaufen lassen.

3 Die Vanillecreme unter Rühren nochmals aufkochen und in Dessertschälchen verteilen.

Tipp:

Streuen Sie sofort 1 TL Vollrohrzucker auf den Pudding in den Dessertschälchen. Dies verhindert eine Hautbildung.

Vanillepudding

4 Personen

100 g Dinkelweißmehl
1 l Milch
4 Eier
80 g Vollrohrzucker
2 TL Bourbon-Vanille
etwas Zitronenschale
2 EL Zitronensaft
2 EL gemahlene Mandeln

1 Das Dinkelmehl mit 200 ml Milch anrühren und etwa 15 Minuten ruhen lassen.

2 Die Eier nach und nach unterrühren. Die restliche Milch zusammen mit dem Vollrohrzucker und der Vanille zum Kochen bringen. Die Eiermilch unter Rühren einlaufen lassen. Das Ganze nochmals aufkochen und von der Herdplatte ziehen.

3 Zitronenschale, Zitronensaft und gemahlene Mandeln unterrühren. Den Pudding in eine ausgespülte Puddingform füllen und nach dem völligen Erkalten stürzen.

Dinkelschrotpudding

4 Personen

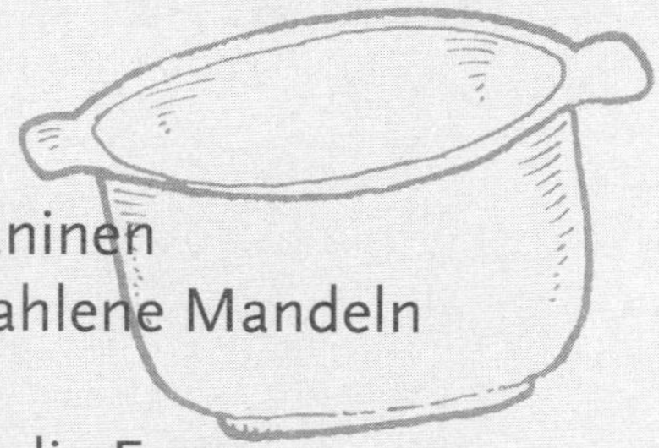

1 l Milch
200 g Dinkelschrot
2 Eier
40 g Vollrohrzucker
1 Prise Salz
Schale 1 unbehandelten Zitrone

50 g Sultaninen
30 g gemahlene Mandeln
3 EL Rum
Butter für die Form
1 EL gemahlene Mandeln für die Form

1 Die Milch zum Kochen bringen und das Dinkelschrot einrühren. Das Ganze etwa 15 Minuten köcheln lassen, anschließend etwas abkühlen lassen.

2 Die Eier trennen. Die Eigelbe, Vollrohrzucker, Salz, Zitronenschale, Sultaninen, Mandeln und Rum unter die Dinkelmasse rühren.

3 Die Eiweiße zu Eischnee schlagen und diesen unter die Puddingmasse heben.

4 Eine Puddingform mit Butter einfetten und mit gemahlenen Mandeln ausstreuen. Die Puddingmasse einfüllen und das Ganze zugedeckt im Wasserbad etwa 1 Stunde köcheln lassen.

Ausgebackene Apfelscheiben

4 Personen

6 Äpfel
4 Eier
1 TL Honig
500 g Sahne
1/2 TL Salz
abgeriebene Schale 1 unbehandelten Zitrone
1 TL Kardamon
500 g Dinkelmehl
50 g Butter

1 Die Äpfel schälen, das Kerngehäuse entfernen und das Fruchtfleisch in Ringe schneiden.

2 Die Eier zusammen mit dem Honig und der Sahne schaumig schlagen. Salz, Zitronenschale und Kardamon einrühren. Das Dinkelmehl nach und nach unterrühren. Den Teig etwa 30 Minuten ruhen lassen.

3 Die Butter in einer Pfanne erhitzen. Die Apfelringe in den Teig tauchen und anschließend im heißen Fett ausbacken. Noch warm servieren.

Tipp:

Bestreuen Sie die Apfelringe mit einer Mischung aus Vollrohrzucker und Zimt.

Bratäpfel

4 Personen

4 große Äpfel
4 EL Apfelgelee
1–2 TL Zimt
3 EL gehackte Mandeln
1 EL Rum
1–2 El Rosinen

1 Den Backofen auf 150 °C vorheizen. Die Äpfel waschen und das Kerngehäuse entfernen. Die Äpfel von innen mit Zimt ausstreuen.

2 Das Apfelgelee mit den Mandeln, Rum und Rosinen mischen und in die Äpfel füllen. Die Äpfel im heißen Backofen etwa 45 Minuten garen.

Tipp:

Dazu schmeckt eine selbstgemachte Vanillesauce.

Hildegard-Tipp:

Hildegard von Bingen empfiehlt den Zimt nicht nur zur Geschmacksverbesserung, sondern auch als Kräftigungsmittel:
„Der Zimt ist sehr warm, hat große Kraft und enthält auch eine mäßige Feuchtigkeit. Allerdings ist seine Wärme so stark, dass sie die Feuchtigkeit unterdrückt. Wenn man oft Zimt isst, werden die üblen Säfte vermindert und die guten Säfte im Körper vermehrt.“ (Physica)

Gratinierte Früchte

4 Personen

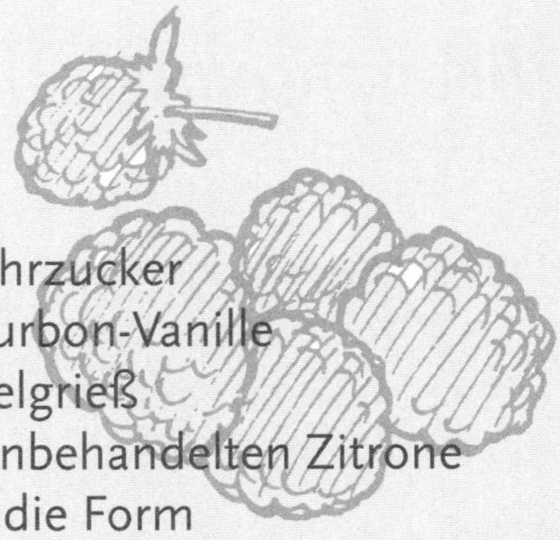

3 Orangen
2 Äpfel
100 g Beeren (z. B. Brombeeren, Himbeeren)
2 Eier
150 g Quark
100 g Frischkäse

3 El Vollrohrzucker
1/2 TL Bourbon-Vanille
2 EL Dinkelgrieß
Schale 1 unbehandelten Zitrone
Butter für die Form
1–2 EL Mandelblättchen

1 Den Backofen auf 200 °C vorheizen. Die Orangen schälen, filetieren und klein schneiden. Die Äpfel schälen, vierteln, das Kerngehäuse entfernen und in kleine Stücke schneiden. Die Beeren waschen, trockentupfen und verlesen.

2 Die Eier trennen. Die Eigelbe mit dem Quark und dem Frischkäse verrühren. Vollrohrzucker, Vanille, Dinkelgrieß und Zitronenschale unterrühren.

3 Die Eiweiße steif schlagen und unter die Masse heben. Die Früchte in eine gefettete Gratinform füllen. Die Quarkcreme darauf verteilen und mit den Mandelblättchen bestreuen.

4 Im heißen Backofen etwa 20 Minuten gratinieren.

Beerenkompott

4 Personen

1/2 l Sauerkirschsaft
75 g Vollrohrzucker
1–2 EL Dinkelweißmehl
1 EL Zitronensaft
1/4 TL Bourbon-Vanille
1/4 TL Zimt
500 g Beeren (Brombeeren, Himbeeren, Johannisbeeren)

1 Den Sauerkirschsaft zusammen mit dem Vollrohrzucker aufkochen. Das Mehl mit etwas kaltem Wasser anrühren und so viel dazugeben, dass die gewünschte Konsistenz erreicht wird. Noch mal aufkochen und etwas abkühlen lassen.

2 Zitronensaft, Vanille und Zimt unterrühren. Die Beeren waschen, trockentupfen, verlesen und unter den angedickten Saft rühren. Das Kompott abkühlen lassen.

Tipp:

Das Kompott passt hervorragend zu Dinkelpfannkuchen oder gebratenen Dinkelgrießschnitten.
Sollte keine Beerensaison sein, können Sie auch auf Tiefkühlbeeren zurückgreifen.

Birnenkompott

4 Personen

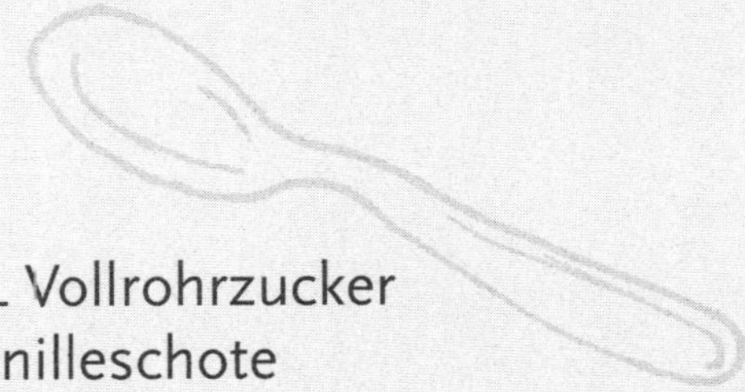

300 ml Apfelsaft
1–2 Stangen Zimt
1 Gewürznelke
2 EL Vollrohrzucker
1 Vanilleschote
4 Birnen

1 Den Apfelsaft zusammen mit den Zimtstangen, der Nelke und dem Vollrohrzucker in einen Topf geben. Die Vanilleschote aufschlitzen und das Mark herausschaben. Mark und Schote zum Saft geben und das Ganze erhitzen.

2 Inzwischen die Birnen schälen, vierteln und das Kerngehäuse entfernen. Die Birnenviertel im Sud etwa 5 Minuten dünsten. Anschließend vom Herd nehmen. Vor dem Servieren die Vanilleschote sowie die Gewürznelke entfernen.

Hildegard-Tipp:

Birnen sollten Sie grundsätzlich nur gekocht verzehren.

Kuchen und Gebäck

Rührkuchen mit Dinkelschrot

1 Springform (Ø 22 cm) oder 1 Kastenform

160 g Butter
150 g Vollrohrzucker
3 Eier
100 g Sahne
1 EL Rum
1 unbehandelte Zitrone

100 g Rosinen
140 g Dinkelschrot
200 g Dinkelweißmehl
1 gestr. EL Backpulver
Butter und Mehl für die Form

1 Den Backofen auf 170 °C vorheizen. Die Butter zusammen mit dem Vollrohrzucker schaumig rühren. Die Eier nach und nach unterrühren.

2 Die Sahne, Rum, abgeriebene Zitronenschale sowie den Zitronensaft unterrühren.

3 Das Dinkelschrot, Dinkelweißmehl sowie das Backpulver mischen und nach und nach unter den Teig rühren. Die Rosinen unterheben.

4 Den Teig in eine gefettete und bemehlte Springform (Ø 22 cm) oder eine gefettete und bemehlte Kastenform füllen und im heißen Backofen etwa 50 Minuten backen.

Gugelhupf mit Maroni-Püree

1 Gugelhupfform (Ø 22 cm)

150 g Butter
175 g Vollrohrzucker
1 Prise Salz
3 Eier
300 g Dinkelweißmehl
2 TL Backpulver
100 ml Milch
400 g Maroni-Püree
4 EL Sahne

1 Den Backofen auf 180 °C vorheizen. Die Butter zusammen mit dem Vollrohrzucker und dem Salz verrühren. Die Eier nach und nach unterrühren.

2 Das Dinkelmehl mit dem Backpulver mischen. Abwechselnd mit der Milch unter die Eiermasse rühren. Die Hälfte des Teigs in eine gefettete und bemehlte Gugelhupfform (Ø 22 cm) füllen.

3 Das Maroni-Püree mit der Sahne verrühren und in die Form geben. Mit einer Gabel das Püree spiralförmig unterheben.

4 Den restlichen Teig darauf verteilen und den Kuchen im heißen Backofen etwa 55 Minuten backen.

Tipp:

Bestäuben Sie den Gugelhupf mit etwas Puderzucker.

Hildegard-Tipp:

Hildegard empfiehlt Maronen zur Kräftigung der Nerven und zu einer besseren Durchblutung des Kopfes sowie gegen Depressionen und bei Milz- und Leberbeschwerden.

Dinkelkuchen mit Schokoladenwürfeln

1 Springform (Ø 22 cm)

150 g weiche Butter
100 g Vollrohrzucker
3 Eier
100 g Schokolade
1 Msp. Bourbon-Vanille
1–2 EL Milch
150 g Dinkelvollkornmehl
100 g Dinkelweißmehl
1 gestr. EL Backpulver

1 Den Backofen auf 175 °C vorheizen. Die Butter zusammen mit dem Vollrohrzucker verrühren. Die Eier nach und nach unterrühren. Die Schokolade in kleine Stücke hacken.

2 Schokoladenstücke, Vanille und Milch unterrühren. Dinkelvollkornmehl, Dinkelweißmehl und Backpulver mischen und nach und nach unter den Teig rühren.

3 Den Teig in eine gefettete und bemehlte Springform (Ø 22 cm) füllen und etwa 45 Minuten im heißen Backofen backen.

Apfelkuchen

1 Springform (Ø 24 cm)

4 Äpfel
125 g weiche Butter
150 g Honig
2 Eier
100 g Quark
1 unbehandelte Zitrone
1 Msp. Bourbon-Vanille
2–3 EL Milch
100 g Dinkelweißmehl
150 g Dinkelvollkornmehl
1 Päckchen Backpulver

1 Den Backofen auf 180 °C vorheizen. Die Äpfel schälen, halbieren, das Kerngehäuse herausschneiden und mehrmals einschneiden. Die Butter zusammen mit dem Honig schaumig rühren. Die Eier nach und nach unterrühren.

2 Den Quark, abgeriebene Zitronenschale, Zitronensaft, Vanille und die Milch unterrühren. Das Dinkelweißmehl, Dinkelvollkornmehl und das Backpulver mischen und nach und nach unter den Teig rühren.

3 Den Teig in eine gefettete und bemehlte Springform (Ø 24 cm) füllen und glatt streichen. Die Äpfel mit der eingeschnittenen Seite nach oben in den Teig setzen. Den Kuchen etwa 45 Minuten backen.

Tipp:

Bestreichen Sie die noch heißen Äpfel nach dem Backen mit etwas Birnendicksaft.

Quittenkuchen

1 Springform (Ø 24 cm)

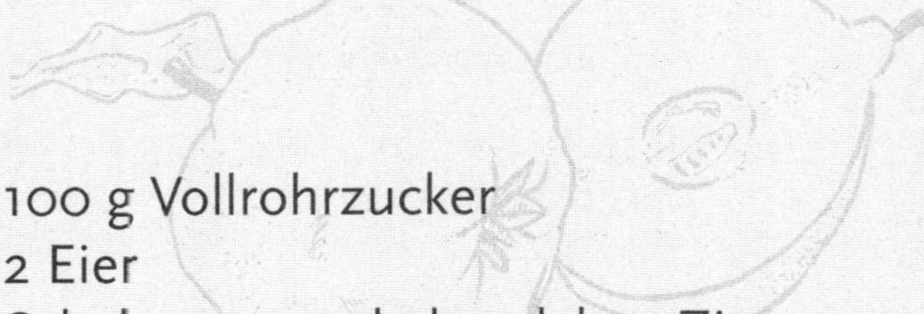

Für den Teig

600 g Quitten
2 EL Birnendicksaft
1 Msp. Nelkenpulver
1/4 Zimtstange
100 g Butter
100 g Vollrohrzucker
2 Eier
Schale von 1 unbehandelten Zitrone
1 Prise Salz
150 g Dinkelweißmehl

Für den Guss

2 Eier
2 EL Vollrohrzucker
1 Msp. Zimt
150 g Sahne
50 g gemahlene Mandeln
150 g Dinkelweißmehl

1 Die Quitten schälen und achteln. 300 ml Wasser zusammen mit dem Birnendicksaft, Nelkenpulver und der Zimtstange zum Kochen bringen. Die Quittenstücke darin knapp gar kochen. Anschließend im Sud auskühlen lassen.

2 Die Butter zusammen mit dem Vollrohrzucker schaumig rühren. Die Eier nach und nach unterrühren. Zitronenschale, Salz und Dinkelmehl dazugeben und zu einem Teig verkneten. Diesen etwa 30 Minuten kühl stellen.

3 Den Backofen auf 200 °C vorheizen. Den Teig ausrollen und den Boden der gefetteten Springform damit auslegen, dabei den Teig am Rand etwas hochziehen.

4 Die abgetropften Quittenstücke darauf verteilen. Das Ganze im heißen Ofen etwa 20 Minuten backen.

5 Inzwischen für den Guss die Eier trennen. Die Eigelbe zusammen mit dem Vollrohrzucker und dem Zimt schaumig rühren. Die Sahne nach und nach unterrühren. Die Eiweiße steif schlagen, die Mandeln einrühren und das Ganze unter die Eigelb-Sahne-Mischung heben.

6 Den Guss auf den Kuchen gießen und weitere 20 Minuten backen.

Dinkelbiskuit

1 Springform (Ø 24 cm)

4 Eier
180 g Vollrohrzucker
1 Prise Salz
1 TL Bourbon-Vanille

100 g Dinkelweißmehl
100 g Dinkelvollkornmehl

1 Den Backofen auf 180 °C vorheizen. Die Eier trennen. Die Eigelbe zusammen mit dem Vollrohrzucker und 4 EL heißem Wasser zu einer cremigen Masse rühren. Salz und Vanille unterrühren.

2 Dinkelweißmehl und Dinkelvollkornmehl mischen, auf die Eiermasse sieben und unterheben.

3 Die Eiweiße steif schlagen und unterheben. Den Teig in eine gefettete Springform (Ø 24 cm) füllen und im heißen Backofen etwa 30 Minuten backen.

Tipp:

Schneiden Sie den erkalteten Biskuitboden einmal durch und füllen Sie ihn mit einer Sahne-Quark-Creme. Wer es fruchtig mag, mischt noch einige frische Früchte (z. B. Himbeeren) unter die Sahne-Quark-Creme.

Johannisbeerkuchen

1 Springform (Ø 24 cm)

Für den Teig

250 g Dinkelweißmehl
125 g Butter
100 g Vollrohrzucker
1 Ei
1 Prise Salz

Für den Belag

400 g rote Johannisbeeren
3 Eiweiß
100 g Vollrohrzucker
1 EL Dinkelweißmehl

Fett für die Form

1 Aus dem Dinkelmehl, der Butter, dem Vollrohrzucker, dem Ei und dem Salz einen Mürbeteig kneten und diesen etwa 30 Minuten im Kühlschrank ruhen lassen.

2 Den Backofen auf 180 °C vorheizen. Den Teig ausrollen und den Boden einer gefetteten Springform damit auslegen, dabei einen etwa 3 cm hohen Rand formen.

3 Den Teigboden mit Erbsen beschweren und mit Alufolie abgedeckt etwa 15 Minuten im heißen Backofen backen. Anschließend Alufolie und Erbsen entfernen.

4 Den Backofen auf 175 °C einstellen. Für den Belag die Johannisbeeren waschen, trockentupfen und die Beeren von den Rispen zupfen. Die Eiweiße steif schlagen, 50 g Vollrohrzucker und das Dinkelmehl dazugeben und weiter schlagen. Anschließend die restlichen 50 g Vollrohrzucker sowie die Johannisbeeren unterheben.

5 Die Masse auf den Mürbeteig verteilen und den Kuchen etwa 20 Minuten backen.

Tipp:

Sollte die Oberfläche zu stark bräunen, decken Sie sie mit einer Alufolie ab.

Streuselkuchen

1 Springform (Ø 26 cm)

Für den Teig

250 g Dinkelvollkornmehl
250 g Dinkelweißmehl
1/3 TL Salz
1 Würfel Hefe
300 ml lauwarme Milch
125 g Vollrohrzucker
125 g flüssige Butter
1 TL Bourbon-Vanille
2 EL Rum

Für die Streusel

60 g Butter
1/2 TL Zimt
2 EL Honig
100 g Dinkelschrot

1 Dinkelvollkornmehl, Dinkelweißmehl und Salz mischen. In die Mitte eine Vertiefung drücken. Die Hefe in der lauwarmen Milch auflösen und zusammen mit dem Vollrohrzucker, der flüssigen Butter, der Vanille und dem Rum zum Mehl geben und alles zu einem glatten Teig verkneten. An einem warmen Ort auf doppelte Größe aufgehen lassen.

2 Den Teig nochmals durchkneten, ausrollen und in eine gefettete Springform (Ø 26 cm) geben. Nochmals etwa 15 Minuten gehen lassen.

3 Den Backofen auf 170 °C vorheizen. Für die Streusel die Butter schmelzen und mit dem Zimt, dem Honig und dem Dinkelschrot mischen. Mit den Händen zu Streuseln verarbeiten.

4 Die Streusel auf dem Teig verteilen und den Kuchen im heißen Backofen etwa 35 Minuten backen.

Gewürzkuchen

1 Kastenform (26 cm lang)

4 Eier
200 g Vollrohrzucker
125 g weiche Butter
220 g Dinkelweißmehl
100 g Dinkelschrot
50 g Kakao
1 Msp. Muskatnuss
1 Msp. gemahlene Nelken
1/2 TL Zimt
1 Päckchen Backpulver
200 ml Milch
Fett und Mehl für die Form

1 Den Backofen auf 175 °C vorheizen. Die Eier zusammen mit dem Zucker und der Butter schaumig rühren. Das Dinkelweißmehl, Dinkelschrot, Kakao, Muskatnuss, Nelken, Zimt und Backpulver mischen.

2 Die Mehlmischung abwechselnd mit der Milch unterrühren. Den Teig in eine gefettete und bemehlte Kastenform füllen. Den Kuchen im heißen Backofen etwa 50 Minuten backen.

Möhrentorte

1 Springform (Ø 24 cm)

250 g Möhren
4 Eier
200 g Honig
Saft und Schale von 1/2 unbehandelten Zitrone
1 TL Bourbon-Vanille
1 TL Zimt
1 Msp. gemahlene Nelken
100 g gemahlene Mandeln
100 g Vollkorn-Semmelbrösel oder geriebener Dinkelzwieback
1 EL Rum
100 g Dinkelmehl
1 EL Backpulver

1 Den Backofen auf 180 °C vorheizen. Die Möhren putzen und fein raspeln.

2 Die Eier trennen. Die Eigelbe zusammen mit dem Honig verrühren. Zitronensaft und -schale, Gewürze, Möhrenraspel, Mandeln, Semmelbrösel und Rum unterrühren.

3 Das Dinkelmehl und das Backpulver mischen und nach und nach unter den Teig rühren. Die Eiweiße steif schlagen und unterheben.

4 Den Teig in eine gefettete und bemehlte Springform (Ø 24 cm) geben und im heißen Backofen etwa 60 Minuten backen.

Hefekuchen mit Äpfeln

1 Springform (Ø 26 cm)

160 g Dinkelgrieß
1/4 l warme Milch
500 g Dinkelweißmehl
1/2 Würfel Hefe
100 ml lauwarme Milch
1 gestr. TL Salz
50 g weiche Butter
100 g Vollrohrzucker

1 Ei
Schale und Saft von 1 unbehandelten Zitrone
4–5 Äpfel
1 TL Zimt
2–3 EL Rosinen
Fett für die Form

1 Den Dinkelgrieß in die warme Milch rühren und an einem warmen Ort über Nacht quellen lassen.

2 Das Mehl in eine Schüssel geben und in die Mitte eine Vertiefung drücken. Die Hefe in der lauwarmen Milch auflösen, in die Vertiefung geben und mit etwas Mehl verrühren. Den Vorteig zugedeckt etwa 10 Minuten gehen lassen.

3 Salz, Butter, Vollrohrzucker, Ei, Zitronenschale und eingeweichten Grieß dazugeben und das Ganze zu einem glatten Teig verkneten. An einem warmen Ort auf die doppelte Größe aufgehen lassen.

4 Den Backofen auf 200 °C vorheizen. Die Äpfel schälen, halbieren, das Kerngehäuse entfernen und die Hälften in Scheiben schneiden. Mit dem Zitronensaft, dem Zimt und den Rosinen mischen.

5 Den Teig in eine gefettete Springform (Ø 26 cm) geben und die Apfelmischung darauf verteilen. Das Ganze im heißen Backofen etwa 30 Minuten backen.

Tipp:

Bestreichen Sie die Äpfel sofort nach dem Backen mit Birnendicksaft.

Knusper-Kugeln

ca. 40 Kugeln

200 g Sonnenblumenkerne
50 g Butter
150 g Vollrohrzucker
2 Eier
1 Prise Salz
50 g gehacktes Orangeat
50 g gehacktes Zitronat
1 EL Zitronensaft
200 g Dinkelvollkornmehl
50 g Dinkelweißmehl
1/2 TL Backpulver
1 Eigelb

1 Die Sonnenblumenkerne in einer beschichteten Pfanne ohne Fett leicht anrösten. Abkühlen lassen und hacken.

2 Die Butter zusammen mit dem Vollrohrzucker sowie den Eiern und dem Salz schaumig rühren. Orangeat, Zitronat, gehackte Sonnenblumenkerne und Zitronensaft unterrühren.

3 Die beiden Mehle und das Backpulver mischen und unterrühren und das Ganze zu einem Teig verarbeiten. Diesen 3 bis 4 Stunden kalt stellen.

4 Anschließend den Backofen auf 200 °C vorheizen. Aus dem Teig kleine Kugeln formen, diese mit dem verquirlten Eigelb bestreichen und im heißen Backofen etwa 12 Minuten backen.

Dattelhäufchen

ca. 40 Häufchen

200 g entsteinte Datteln
100 g weiche Butter
100 g Birnendicksaft
2 Eier
1 EL Rum
1/3 EL Zimt
1/3 EL Muskatnuss
1/3 EL gemahlene Nelken
100 g gehackte Mandeln
100 g Dinkelschrot
100 g Dinkelweißmehl
200 g feine Dinkelflocken

1 Die Datteln klein schneiden. Die Butter zusammen mit dem Birnendicksaft schaumig rühren. Eier, Rum, Gewürze, Mandeln, Datteln, Dinkelschrot, Dinkelmehl und Dinkelflocken der Reihe nach dazugeben und alles zu einem Teig verarbeiten. Diesen über Nacht kühl stellen.

2 Am nächsten Tag den Backofen auf 175 °C vorheizen. Aus dem Teig mit Hilfe eines Löffels kleine Häufchen abstechen und auf ein mit Backpapier belegtes Blech setzen.

3 Die Dattelhäufchen im heißen Backofen etwa 15 Minuten backen.

Hildegard-Tipp:

„Die Dattelpalme ist warm und feucht. Sie ist klebrig wie Kleister und bezeichnet die Glückseligkeit. Wenn man die Frucht kocht und isst, erhält der Körper dadurch fast so viel Kraft wie durch den Genuss von Brot. Aber es kann ihn leicht dämpfig machen (d.h. die Lungen angreifen) und beschwert seinen Organismus, wenn er zuviel davon isst.“ (Physica)

Mandelstangen

ca. 50 Mandelstangen

100 g Butter
2 Eier
125 g Vollrohrzucker
1 Prise Salz

100 g gemahlene Mandeln
100 g Dinkelweißmehl
100 g Dinkelvollkornmehl
Fett für das Blech

1 Die Butter schaumig rühren. 1 Ei, 1 Eiweiß, Vollrohrzucker sowie das Salz dazugeben und unterrühren.

2 Die Mandeln, das Dinkelweißmehl sowie das Dinkelvollkornmehl dazugeben und das Ganze zu einem Teig verarbeiten. Diesen etwa 30 Minuten kühl stellen.

3 Den Backofen auf 200 °C vorheizen. Den Teig auf ein gefettetes Backblech geben und glatt streichen. Die Oberfläche mit dem Eigelb bestreichen. Das Ganze im heißen Backofen 12 bis 15 Minuten backen.

4 Anschließend die gebackene Masse in Stangen schneiden, diese etwas auseinanderschieben und nochmals kurz überbacken.

Weihnachtlicher Gugelhupf

1 Gugelhupfform

250 g Dinkelmehl
250 g Weizenmehl
abgeriebene Schale 1 unbehandelten Zitrone
1/2 TL Bourbon-Vanille
1/4 Tl gemahlene Nelken
1 TL Zimt
1 Würfel Hefe
1/8 l lauwarme Milch
100 g Butter
3 Eier
120 g Honig
50 g gehackte Datteln
50 g Zitronat
50 g Orangeat
50 g gehackte Nüsse
50 g gehackte Mandeln
Sesam zum Ausstreuen der Form
2 EL flüssige Butter zum Bestreichen
Kokosraspeln

1 Die Mehle mit der Zitronenschale, Vanille, Nelken und Zimt mischen. Die Hefe in der lauwarmen Milch auflösen. Zusammen mit der Butter, den Eiern sowie dem Honig zum Mehl geben. Alle Zutaten mit dem Knethaken des Rührgerätes zu einem weichen Teig verkneten.

2 Den Teig zugedeckt an einem warmen Ort etwa 30 Minuten gehen lassen, bis sich das Teigvolumen deutlich vergrößert hat.

3 Danach den Teig noch mal gut durchkneten und dabei die Datteln, Zitronat, Orangeat sowie die Nüsse und Mandeln unterarbeiten.

4 Den Teig in eine gefettete und mit Sesam ausgestreute Gugelhupfform geben und noch mal an einem warmen Ort 30 bis 45 Minuten gehen lassen.

5 Den Backofen auf 200 °C vorheizen. Den Gugelhupf im heißen Backofen 50 bis 60 Minuten backen.

6 Anschließend auf ein Kuchengitter stürzen und noch warm mit der flüssigen Butter bestreichen. Mit Kokosraspeln bestreuen.

Rezeptregister

A Apfelkuchen 131
Ausgebackene Apfelscheiben 122
Ausgebackene Holunderblüten 118

B Barsch mit Orangensauce 89
Beerenkompott 125
Birnenhonig 20
Birnenkompott 126
Bohnensalat mit Schafskäse 31
Bohnensuppe 40
Bratäpfel 123
Brennnesselsuppe 41
Brotsuppe 38
Bunter Kopfsalat 26
Bunter Spaghetti-Topf 67

D Dattelhäufchen 140
Dinkelbiskuit 133
Dinkelbratlinge 49
Dinkelbrot aus Hefeteig 102
Dinkelbrötchen 110
Dinkel-Buttermilch-Waffeln 15
Dinkel-Dampfnudeln 100
Dinkelgrießauflauf mit Baiserhaube 97
Dinkelgrießbrei 98
Dinkelreisbrei 98
Dinkelgrützeauflauf mit Käsekruste 52
Dinkelkaffee mit ganzen Körnern 17
Dinkelkaffee aus gemahlenen Körnern 17
Dinkelklöße 59
Dinkelkörnersalat im „roten Mantel“ 29
Dinkel-Kräuter-Grütze 51
Dinkel-Kräuter-Salat 30
Dinkelkuchen mit Schokoladenwürfeln 130
Dinkelküchlein 54
Dinkel-Mandel-Küchlein 50
Dinkelmehlschmarren 92
Dinkel-Möhren-Brot 107
Dinkelnudeln mit Pilzsauce 71
Dinkelnudeln, selbstgemachte 56
Dinkelnudelsalat 28
Dinkel-Pfannkuchen 60
Dinkelquarkauflauf mit Dörrobst 96
Dinkel-Rosinen-Brötchen 111
Dinkelschrotpudding 121
Dinkelschrot-Schnitten 53
Dinkelspätzle 57
Dinkelsprossen-Quark-Aufstrich 112
Dinkel-Toastbrot 108
Dinkelvollkornbrot mit Joghurt 104
Dinkelwaffeln 58
Dinkelzwieback-Auflauf mit Apfelmus 99

F Fenchelauflauf 70
Fenchel-Dinkel-Auflauf 66
Fenchel-Möhren-Auflauf 63
Fenchel-Orangen-Salat mit Mandeln 27
Fenchel-Frucht-Salat 34
Fenchelsalat 25
Fencheltee 18
Fischauflauf 87
Flockenbrot 106
Flockenmüsli mit Fruchtsaft 11
Forelle in der Folie 90
Frischkornmüsli 10
Früchtebrot nach Hildegard 109
Fruchtmüsli mit Dinkelflocken 9

G Gänsesuppe, klare, mit Klößchen 42
Gebackene Früchte 124
Gebackene Sellerieschnitzel 73
Geflügel-Sellerie-Salat 33
Gefüllte Zucchini 69
Gekochtes Rindfleisch mit Grüner Sauce 77
Gemischter Bohnensalat mit Schafskäse 31
Gemüse aus dem Wok nach Hildegard 72
Gemüsesuppe mit ganzen Dinkelkörnern 37
Gewürzkuchen 136
Gratinierte Früchte 124
Gugelhupf mit Maroni-Püree 129
Gugelhupf, weihnachtlicher 142
Gulasch mit Gemüse 80

H Hackfleischtaschen 81
Hackfleischtopf mit Bohnen 78
Hefekuchen mit Äpfeln 138
Hildegard Habermus (Dinkelmus) 12
Hirschragout mit Quitten 83
Holunderblüten, ausgebackene 118
Hühnerragout 79

Rezeptregister

J Joghurt-Kaltschale 14
Johannisbeeren-Küchlein 94
Johannisbeerkuchen 134

K Kabeljau mit Fenchel 88
Kernotto 48
Kichererbsen im Dinkelflockenmantel 55
Kichererbsenaufstrich 113
Kichererbsenklößchen 65
Klare Gänsesuppe mit Klößchen 42
Knusper-Kugeln 139
Kopfsalat, bunter 26
Kräuteraufstrich 114
Kräuterbrot 105
Kräutersalat mit Dinkel 22
Kräuterspätzle 57
Kräutertee 18
Kürbis, überbackener 74
Kürbispfannkuchen 68
Kürbissuppe 43

L Lammkoteletts 84
Lammtopf mit Kichererbsen 86
Lasagne verde mit Quark 76

M Mandelauflauf mit Äpfeln 93
Mandelstangen 141
Maronihonig 20
Möhrensalat mit Dinkelsprossen 23
Möhren-Suppe 45
Möhrentorte 137

O Obstsalat mit Dinkelkörnern 13
Obstsalat mit Dinkelkörnern 116
Omelett mit Dinkelgrieß 95
Orangenquarkcreme 16

P Putengeschnetzeltes mit Fenchel 85

Q Quittengelee 19
Quittenkonfitüre 19
Quittenkuchen 132

R Rindfleisch, gekochtes, mit Grüner Sauce 77
Rindfleischtopf 82
Rote Grütze 117
Rote-Bete-Salat 32
Rotkohlrouladen 62
Rührkuchen mit Dinkelschrot 128

S Saubohnengemüse mit Käsekruste 64
Sauerampfersuppe 39
Sauerteigbrot aus 3 Getreiden 103
Schrotmüsli 8
Selbstgemachte Dinkelnudeln 56
Selleriecremesuppe 44
Selleriesalat 24
Sellerieschnitzel, gebackene 73
Spaghetti-Topf, bunter 67
Spargelcremesuppe 36
Streuselkuchen 135

U Überbackener Kürbis 74

V Vanillecreme 119
Vanillepudding 120

W Weihnachtlicher Gugelhupf 142
Weizenschrotsuppe mit Gemüse 46

Z Zucchini, gefüllte 69